The words
that great CEOs left us

위대한 CEO가 우리에게 남긴 말들

조선경 지음

지금,
당신의 생각을 행동으로 바꾸는
한마디!

위즈덤하우스

목차

- 프롤로그 | 10   - 에필로그 | 292

1 생/각/하/라 : 세상을 꿰뚫어보는 통찰의 힘을 가진 리더들의 한 마디

001 사카모토 게이치 "근면하지 말라. 하루 종일 부지런하기만 하면 무슨 전략적인 사고가 나오겠는가?" | 15

002 루이스 거스너 "변화를 위해서는 부분이 아닌 전체가 있어야 한다" | 17

003 마이클 델 "자신의 조직에서 가장 똑똑한 사람이 되지 말라" | 19

004 야마다 아키오 "항상 생각하라, 생각하라" | 21

005 존 포트만 "경쟁자는 오직 나 자신" | 23

006 리카싱 "지식은 사람의 운명을 바꿀 수 있다" | 25

007 조지 버클리 "리더란 위기의 순간에도 평상심을 유지할 수 있어야 한다" | 27

008 캐빈 로버츠 "이성은 결론을 낳지만 감성은 행동을 낳는다" | 29

009 이와타 사토루 "위기의식을 강조하되 패배의식을 심어서는 안 된다" | 31

010 테드 터너 "이끌거나 따르거나 비켜서라" | 33

011 루치아노 베네통 "팀워크에 의한 총체적 능력이 개인의 탁월함보다 훨씬 중요하다" | 36

012 로버트 갤빈 "신뢰라는 엄격한 규율" | 39

013 스티브 잡스 "혁신을 위한 가장 훌륭한 시스템은 시스템을 갖지 않는 것" | 42

014 로버트 타운센드 "리더십의 가장 일반적인 모순은 인내와 긴급이 동시에 필요하다는 것" | 44

015 제임스 다이슨 "기준을 높게 잡아라" | 47

016 마샤 스튜어트 "내가 좋아하는 모든 것이 비즈니스다" | 50

017 고틀립 다임러 "저 별은 언젠가 우리 회사에서 찬란하게 떠오를 것이다" | 53
018 라탄 타타 "약속은 약속이다" | 56
019 인드라 누이 "일과 가정의 조화를 이뤄라" | 59
020 블레이크 마이코스키 "'원래 그랬기 때문'이란 건 없다" | 61
021 제임스 시너걸 "경영자는 다음 분기의 실적보다는 회사가 장기적으로 가야 할 방향을 잘 관리해야 한다" | 64
022 윌리엄 & 찰스 메이요 "팀워크는 선택 사양이 아니다" | 67

2 소/통/하/라 : 경청하는 리더십으로 사람들을 이끈 리더들의 한 마디

023 앤디 그로브 "커뮤니케이션의 성패는 얼마나 이야기를 잘 하느냐가 아니라 상대를 얼마나 잘 이해시키느냐에 따라 결정된다" | 73
024 칼리 피오리나 "질문은 답을 구하는 것 이상의 효과를 가진다" | 75
025 A. G. 래플리 "CEO의 연봉은 경청의 스트레스에 대한 보상이다" | 78
026 야나이 다다시 "매장은 고객을 위해 있고, 점원과 함께 번영하며, 점주와 함께 망한다" | 80
027 에릭 슈미트 "조언을 해줄 수 있는 코치를 기용하라" | 82
028 샘 구드너 "A급 직원만 있고 견실한 B급 직원이 없다면 회사는 장기적으로 존속할 수 없다" | 84
029 앤 멀케이 "리더는 말과 행동이 일치해야 한다" | 86
030 샘 월튼 "회사 내 모든 사람의 말에 귀를 기울여라" | 88
031 리치 디보스 "잘못을 인정하는 말이 상대의 마음을 움직인다" | 90
032 맥스 드프리 "리더의 첫 번째 책임은 현실을 명확히 정의하는 것이다" | 92

033 스티븐 코비 "솔직 담백함에도 센스가 필요하다" | 94

034 아니타 로딕 "우리가 고용한 것은 종업원이 아니라 사람이다" | 96

035 토니 쉐 "좋은 조직문화는 리더가 아니라 직원에게서 뿜어나와야 한다" | 98

036 데이비드 오길비 "자신의 아이디어를 팔 수 없다면 창의성은 쓸모없다" | 100

037 콘돌리자 라이스 "커뮤니케이션 능력은 타고나는 게 아니라 훈련으로 습득된다" | 102

038 프레드릭 스미스 "종업원이 먼저고 고객은 그 다음이다" | 105

039 류촨즈 "솔직하게 말할 용기가 없다면 좋은 관리자가 아니다" | 108

040 마윈 "90%가 찬성하는 아이디어는 이미 쓸모가 없다" | 111

041 블레이크 노드스트롬 "리더십은 지위가 아니라 경험에서 나온다" | 114

042 브래드 앤더슨 "직원들을 무조건 신뢰하겠다" | 117

043 칼 요한 페르손 "나는 나의 팀과 일한다" | 119

044 조지 짐머 "최소한 두 번의 기회는 줘라" | 122

3 결/정/하/라 : 선택의 순간에 가장 지혜로운 결정을 내린 리더들의 한 마디

045 잭 웰치 "상사는 목표의 방향을 정렬하는 사람이다" | 127

046 손정의 "이길 수 없는 싸움은 하지 않는다" | 129

047 허브 켈러허 "문화에 맞게 고용하라" | 131

048 로저 엔리코 "가장 나쁜 것은 아무 결정도 하지 않는 것이다" | 133

049 스티브 앨드리치 "나는 항상 무언가를 팔고 있습니다" | 135

050 콘라드 힐튼 "생생하게 꿈꾸는 사람만이 성공할 수 있다" | 137

051 스티븐 샘플 "위임할 수 있는 결정을 직접 내리지 마라" | 139

052 버논 힐 2세 "우리는 은행이 아니라 소매업체다" | 141

053 케빈 켈리 "'모두'라고 지칭되는 사람은 누구인가" | 143

054 존 체임버스 "빠른 물고기가 느린 물고기를 잡아먹는다" | 145

055 밥 실러트 "당신이 기준이 되라" | 148

056 켄 올슨 "최고의 가설은 어떤 보편적인 믿음도 틀렸다는 것이다" | 150

057 레이프 요한슨 "욕먹는 것을 두려워 마라" | 153

058 제프 베조스 "재능에 의존하지 말고 적극적으로 선택하는 삶을 살아라" | 156

059 제임스 데스페인 "세상을 바꾸기 전에 나부터 바꾼다" | 158

060 콜린 앵글 "사람 같은 로봇이 아니라 사람을 위한 로봇을 만든다" | 161

061 리처드 부스 "역사는 한순간에 이뤄지지 않는다" | 164

062 이사도어 샤프 "무슨 일이든 상식대로만 하세요" | 167

063 얀 칼손 "업무 몰입을 위한 첫 걸음은 직원에게 의사결정 책임을 넘겨주는 것" | 170

064 워런 버핏 "정직함과 성실성을 가장 먼저 보라" | 172

065 무하마드 유누스 "바로 앞에 있는 문제부터 시작하세요" | 174

066 캐서린 그레이엄 "신문이 살아야 공익도 있다" | 177

4 행/동/하/라 : 열정의 끈을 놓지 않고 끊임없이 도전해온 리더들의 한 마디

067 래리 보시디 "큰 소리로 싸우는 조직을 만들어라" | 181

068 아리고 베르니 "브랜드로서 행동하라" | 184

069 채드 홀리데이 "연구개발은 연구소가 아니라 시장에서 시작된다" | 186

070 혼다 소이치로 "성공은 1퍼센트의 노력과 99퍼센트의 실패에서 온다" | 188

071 에드 캣멀 "개인의 천재성보다 집단지능을 활용하라" | 191

072 카를로스 곤 "실행이 곧 전부다" | 194

073 스즈키 도시후미 "운은 도전하는 사람에게만 온다" | 196

074 대니얼 라마르 "오늘 내가 해야 할 불가능한 일은 뭐지?" | 199

075 윌리엄 브래튼 "행동할 수 있는데 말하지 말라" | 201

076 장 루이민 "간택보다는 경쟁이 낫다" | 203

077 제임스 골드스미스 "모험을 하지 않는 것이 가장 큰 모험이다" | 205

078 짐 굿나잇 "탁상공론에 머물지 말고 행동하라" | 207

079 카를로 몰테니 "우리는 겉으로 드러나지 않는 기술을 추구한다" | 209

080 헨리 포드 "제아무리 어려운 일도 작은 일들로 나누어보면 별로 어려울 것이 없다" | 211

081 존 마에다 "모르는 것을 모른다고 할 때 독창성이 발휘된다" | 214

082 스콧 맥닐리 "파워포인트 꾸미는 데 시간을 낭비하지 마라" | 217

083 월트 디즈니 "무언가를 시작하는 방법은 말이 아니라 행동이다" | 220

084 사라 블레이클리 "실패란 성공하지 못한 것이 아니라 아무것도 시도하지 않은 것" | 223

085 이토 신고 "재미는 창의적인 생각을 불러온다" | 226

086 킹 캠프 질레트 "아이디어가 있다면 끝까지 포기하지 말라" | 229

087 데이비드 페리 "성공의 이유는 언제나 학습한다는 데 있다" | 232

088 게리 헤이븐 "실행하지 않기 때문에 성공하지 못하는 것이다" | 234

5 극/복/하/라 : 긍정의 힘으로 위기에서 벗어난 리더들의 한 마디

089 리카르도 세믈러 "직원이 원하는 곳에서 원하는 일을 하게 해주면 업무성과는 저절로 좋아진다" | 239

090 마이크 해리스 "리더의 분위기는 순식간에 전염된다" | 241

091 호스트 슐츠 "주도권과 결정권을 직원에게 넘겨라" | 243

092 마쓰시타 고노스케 "나는 배운 게 없기 때문에 모르는 게 없다" | 245

093 롭 맥이웬 "외부에서 준비된 해결책을 찾자" | 247

094 피터 드러커 "강점 위에 구축하라" | 249

095 폴 거진 "규칙을 최소화하는 자제의 미덕이 필요하다" | 251

096 랄스 람크비스트 "적당한 걱정은 나의 스승이자 모티베이터" | 254

097 리처드 브랜슨 "일과 즐거움 사이의 균형이 필요하다" | 256

098 메리 케이 애시 "대접받고 싶은 대로 먼저 대접하라" | 258

099 알베르토 알레시 "실패 역시 내 업무의 일부분이다" | 260

100 폴 갤빈 "항상 진실을 이야기하라" | 263

101 폴 마이어 "삶은 우연히 일어나는 일 10퍼센트와 그것에 반응하는 90퍼센트의 일로 이루어진다" | 265

102 제프리 이멜트 "신속한 회복력은 리더십의 관건이다" | 267

103 이나모리 가즈오 "자신이 하는 일을 좋아하라" | 270

104 테리 켈리 "리더는 카오스를 즐기고 모호함을 견딜 수 있어야 한다" | 272

105 앤서니 라빈스 "습관적으로 사용하는 말이 운명을 결정 짓는다" | 275

106 프랑크 아펠 "기업 경영에선 존경과 성과 간의 균형이 필요하다" | 278

107 론 바바로 "둘 중 하나라는 선택의 함정에 빠지지 마라" | 280

108 바비 브라운 "눈앞의 문이 닫혀 있다면 뒷문이라도 찾아라" | 282

109 제임스 캐시 페니 "사람은 어려움 속에서 성장한다" | 285

110 나가모리 시게노부 "직원은 호통을 쳐서라도 가르쳐야 한다" | 288

프롤로그

사람의 마음을 변화시키는 데 가장 적합한 도구는 이야기다. 이성적인 옳고 그름보다는 공감이 되는 이야기를 들으면 마음이 열리고 쉽게 동화가 된다. 세상에 널리 알려진 성공한 인물들도 그 개인의 삶을 들여다보면 고난과 좌절이 있고, 설레임과 희망이 있으며 벅찬 감동의 순간도 있다. 특히 기업 경영자들의 역동적인 삶 속에는 드라마틱한 이야기가 많다.

자기가 뽑은 사람에 의해 회사에서 쫓겨나는 수모를 당했지만 좌절하는 대신에 자기만의 경쟁력인 창의적인 아이디어로 재기에 성공한 스티브 잡스, 5,126번의 실패를 딛고 결국 세상에 없던 청소기를 만들어낸 다이슨, 직원 대우에 남다른 신경을 쓰는 이유가 어릴 적 아버지의 해고를 보면서 겪었던 마음의 상처 때문이라는 하워드 슐츠의 자기고백 등……. 그들의 삶 이야기는 다른 시대, 다른 환경을 살고 있는 우리에게도 마치 내 친구나 가족의 이야기처럼 진솔하게 와 닿는다.

세계적인 유명세를 얻고 있는 경영자 중 그 누구도 전지전능하지 않았으며 완벽하지도 않았다. 그들 역시 주변의 질시와 방해 앞에서는 휘청거렸고 새로운 도전과 성공 앞에서는 흥분했으며, 외롭게 혼자 어려운 결정을 내려야 하는 순간은 두려워했다. 그러나 그들이 위대해질 수 있었던 것은 자기 앞에 놓인 현실을 외면하지 않고, 실패해도 변명하려 하지 않았으며 매 순간 자신이 할 수 있는 최선을 다했기 때문이다. 그들에게서 발견한 공통점은 인생의 매 순간을 자기 삶의 주인으로 살았다는 점이다.

주인으로 산다는 것은 스스로 선택하고 책임지는 삶을 사는 것이다. 이들의 이야기에서 힘을 느끼고 감동을 느낄 수 있는 것은 보통 사람들이 가지 않는 길을 가기로 결정하고, 그 길이 어려워도 포기하지 않고, 하고자 약속한 것을 반드시 지켜내는 자세 덕분이다. 그래서 경영자들이 자신의 가치와 생각, 행동을 한 마디로 압축한 촌철살인의 어록은 힘이 있다. 말은 생각의 반영이다. 한 마디 말 속에는 삶의 철학과 태도가 고스란히 반영되기 때문이다.

지난 10여 년간 국내 유수의 기업에서 경영자코칭을 하면서,

그리고 〈동아비즈니스리뷰DBR〉에 '경영 어록 탐구'를 연재하면서 위대한 리더들의 이야기를 전해왔다. 그들의 경험을 통해서 간접학습의 기회를 갖게 되고 용기와 도전의 동기를 얻게 됨을 깨달았다. 이 책에는 시대의 요구에 반응하며 혁신을 거듭해온 리더 110명이 우리에게 남긴 촌철살인의 한 마디가 담겨 있다. 이 한 마디가 위기와 변화에 촉각을 곤두세워야 하는 이 시대의 리더들에게 때로는 가슴을 내려치는 죽비처럼, 때로는 새로운 아이디어를 떠올리게 하는 지렛대로 작용하길 바라는 마음이다.

우리보다 앞서 이 시대를 살아간 리더들이 세상을 향해 남긴 단 한 줄의 통찰은 우리의 삶을 비춰볼 수 있는 거울 역할을 해주리라 믿는다. 나아가 이 책이 경영자나 중간관리자는 물론이고 일반 직장인들에게도 혼란스러운 시대를 타파할 현명한 자기계발의 방식을 알려줄 것을 기대해본다.

조선경

The words that great CEOs left us **세상을
꿰뚫어보는 통찰의 힘을 가진
리더들의 한 마디**

생/각/하/라 1

"근면하지 말라.
하루 종일 부지런하기만 하면
무슨 전략적인 사고가
나오겠는가?"

001 사카모토 게이치

"근면하지 말라"는 사카모토의 '하지 말라 방정식' 가운데 하나다. 이 말을 한 사카모토 게이치坂本桂一는 알파시스템, 어도비 시스템(당시 앨더스 주식회사) 등을 잇달아 성공시킨 일본 IT업계의 1세대 기업인이다.

그는 리더에게 반드시 필요한 자질 중 하나인 전략적 사고의 중요성을 메타리더meta-leader라는 표현으로 상징화했다. 리더는 메타, 즉 부하직원보다 한 단계 위에서 생각하고 그들을 이끌어주는 사람이 되어야 한다는 뜻이다. 이는 '나무만 보지 말고 숲을 보라', 또는 '본인이 모든 일을 직접 다 하려고 하지 말라'는 주문의 다른 표현이라 할 수 있다.

물론 근면은 성공의 큰 자산이다. 하지만 모름지기 리더라면 아랫사람과는 다른 차원의 시야를 갖고, 당장 눈앞의 일에 매몰되지 말아야 한다. 이런 거시적인 조망 능력, 즉 큰 생각이 큰 성공을 만들어낸다.

'고객의 노동DIY'을 사업 모델로 만든 스웨덴 이케아IKEA 가구, "이자는 주지 않겠다, 대신에 저녁이나 주말에도 운영해서 고객 편의를 제공하겠다"고 선언한 미국 커머스뱅크가 대표적인 사례다. 이들은 '상식을 뛰어넘어 고객에게 어떻게 새로운 가치를 제공할 것인가' 하는 거시적인 조망 능력과 전략적 사고로 성공했다.

빌 게이츠 마이크로소프트MS 창립자는 "1년에 일주일은 생각하는 주간think week으로 정해놓고 회사 일은 뒤로 한 채 깊이 생각하는 시간을 가진다"고 고백한 바 있다. 큰 생각과 큰 성공은 이처럼 여유와 관조에서 나온다.

"변화를 위해서는
부분이 아닌
전체가 있어야 한다"

002　　　　　　　　　　　　　　　　　　　　　　루이스 거스너

1993년, 거대기업 IBM은 81억 달러라는 사상 최대 손실을 기록하며 위기를 맞았다. IBM의 이사회는 이 위기를 극복할 구원투수를 찾기 시작했다. 세계적인 스타 CEO들이 물망에 올랐다. 최종 낙점을 받은 사람은 루이스 거스너(Louis Gerstner) RJR 나비스코 CEO였다.

거스너 취임 직전의 CEO였던 존 에이커스는 위기를 극복하기 위한 방안으로 회사를 작은 비즈니스 단위로 쪼개는 계획을 세워두고 있었다. 하지만 거스너는 취임 후 정반대의 결정을 내

렸다. "IBM의 변화를 위해서는 부분이 아니라 전체가 있어야 한다"고 생각했기 때문이다.

그는 취임 후 한 달여 동안 전 세계의 관리자들과 고객을 만난 후 자신의 비즈니스 방향에 대해 결정내렸다. IBM은 하드웨어나 소프트웨어의 어느 한쪽에만 주력해서는 안 되고 광범위한 컴퓨터 제품과 '솔루션'을 함께 제공해야 한다는 것이었다.

생물학자 폰 베르탈란피Von Bertalanffy는 시스템 이론을 주창하며 "전체는 부분의 합 그 이상이다"라고 말했다. 이는 문제해결을 위해서는 시스템의 한 요소만 다뤄서는 안 되며 상호연관성이 있는 요소들을 함께 고려해 '시스템적'으로 풀어가야 하고, 하나를 건드리면 생각지 않은 다른 부분도 함께 변화한다는 뜻을 담고 있다.

가령 CEO가 재무관리에만 집중하면 영업관리 쪽이 수동적으로 변화하고 개별 부서의 성과와 경쟁을 강조하면 부서 간에 스스로의 이익만 좇는 사일로silo 현상이 생겨 협업이 되지 않는다. 기업 내 조직은 상호연계돼 있기 때문에, 독립변수나 종속변수 외에도 다양한 맥락변수의 영향을 받는다.

이것이 바로 기업 전략을 짤 때 조직 전체를 시스템적으로 바라보는 사고가 필요한 이유다.

"자신의 조직에서 가장 똑똑한 사람이 되지 말라"

003   마이클 델

델 컴퓨터의 창업자인 마이클 델Michael Saul Dell은 어릴 때부터 컴퓨터와 마케팅에 관심이 많았다. 12세 때 우표책을 팔아 돈을 벌었으며, 1984년에는 대학을 중퇴하고 단돈 1,000달러로 델 컴퓨터를 창업했다. 그는 '다이렉트 마케팅'이란 슬로건을 내걸고 전화로 주문한 고객의 요구대로 컴퓨터를 맞춤 제작했다. 또한 직접 구매한 부품을 사용해 저렴하게 판매하는 방식으로 시장을 공략했다. 불과 4년 후, 27세의 마이클 델은 〈포춘Fortune〉이 선정한 500대 기업 리더 목록에 최연소 CEO로 이름을 올렸다.

위대한 기업이라 할지라도 실패의 역사는 있기 마련이다. 승승장구하던 델 컴퓨터는 1989년 '올림픽Olympic'이란 신제품을 시장에 내놓았으나, 회사 역사상 가장 큰 실패를 하고 말았다.

델은 이 실수를 통해 중요한 교훈을 얻었다. 그것은 바로 엔지니어는 자신의 기술적 우위나 견해를 시장에 강요해서는 안 되고, 고객의 판단에 초점을 맞추고 오직 고객을 위한 가치를 창출해야 한다는 점이었다. 그 후 델 컴퓨터는 제품 개발 프로세스에 고객을 끌어들이는 노력을 지속적으로 해오고 있다.

마이클 델이 실패를 통해 얻은 또 하나의 교훈이 있다. 그는 '올림픽'의 실패 이후로 자신을 포함한 직원들에게 "자신의 조직에서 가장 똑똑한 사람이 되지 말라, 당신이 가장 똑똑한 사람이라면 더욱 똑똑한 사람을 채용하든가, 아니면 다른 곳으로 옮겨라"는 말을 반복해 강조하기 시작했다.

기업의 성공을 위해서는 전체 운영 프로세스에 걸쳐 많은 사람들의 관심과 관여가 필요하다. 하지만 리더 자신이 완벽하다고 믿으면 다른 직원들의 관여도가 떨어진다. 스스로 완벽하다고 생각하는 리더 밑의 직원들은 리더에게 심리적 거리감을 둘 뿐만 아니라 그를 도와줘야 한다는 생각을 하지 못한다. 때문에 델은 늘 기업을 초점에 둘 수 있도록 직원들을 독려한 것이다.

"항상
생각하라,
생각하라"

004 야마다 아키오

수많은 기업들의 벤치마킹 대상이며, 연중 견학자들로 줄을 잇는 일본 기업이 있다. 놀랍게도 첨단 하이테크high tech를 다루는 곳이 아니라 콘덴서 등 전기자재를 제조하는 로테크low tech 회사다. 그곳은 바로 괴짜 창업주 야마다 아키오山田昭男의 미라이공업이다.

미라이공업은 일본에서 적어도 '노는 것'으로는 자타가 공인하는 최고의 회사다. 연간 휴일이 140일이고 육아 휴직은 3년에 달한다. 또 화요일이 휴일이면 월요일은 자동으로 쉰다. 그렇게 열심히 노는데도 경상이익률은 늘 12~15%(일본 업계 평균 경상이익률이 3%) 수준으로 높다.

야마다 창업주는 수년의 경험을 통해 직원들을 관리, 통제해서는 얻을 수 있는 것이 아무것도 없다는 생각을 굳히게 됐다. "인간은 말이 아니다. 당근과 채찍의 조화는 필요 없다. 단지 당근만이 필요할 뿐이다"라고 말할 정도였다. 그는 경영자란, 회사를 직원들이 일하고 싶은 곳으로 만들기만 하면 된다는 철학을 고수했다.

미라이공업의 슬로건은 '항상 생각하라'다. 야마다 창업주는 직원들에게 항상 창의적인 생각을 하라고 요구한다. 지혜를 짜내서 다른 회사와는 다른 물건을 만들 것을 주문한다. 미라이공업에서는 직원들이 연간 9,700여 건의 아이디어를 제시한다. 현재 생산 중인 주요제품도 모두 직원의 아이디어에서 나왔다. 140일 휴일도, 성과주의의 금지도 모두 창의성을 극대화하기 위한 조처 중 하나다.

미라이공업 사례는 '경영자가 간섭을 최소화하고 직원들이 자발적으로 일하고 싶게 만들면 창의성이 극대화되고 성과가 저절로 따라온다'는 소박한 철학을 직접 눈으로 보여주는 결실이라 할 수 있다.

"경쟁자는 오직 나 자신"

005   존 포트만

미국 애틀랜타 시를 지난 30여 년에 걸쳐 갈아엎듯 재설계해 세계적인 첨단 도시로 탈바꿈시킨 사람이 있다. '애틀랜타의 아버지'란 명성을 얻은 도시건축가인 존 포트만(John Portman) 포트만 홀딩스 회장이다. 그는 단순히 빌딩의 디자인을 창조한 게 아니라 '장소의 창조'를 추구했다.

포트만 회장은 부패와 무기력, 실업의 도시였던 애틀랜타에 산업과 무역의 가교가 될 수 있는 컨벤션센터를 건립함으로써 세계적인 경제도시라는 이미지를 창조했을 뿐 아니라 고용창

출에도 기여했다. 그는 '도시 재설계'라는 표현이 적합할 정도의 창조적 생각과 경제적 파급력을 건축디자인에 담아내고 있다. 미국의 여러 도시뿐 아니라 중국, 두바이, 심지어 우리나라 도시개발에까지 참여할 정도로 그의 행보엔 끝이 없어 보인다.

건축가이자 부동산 개발자인 포트만 회장의 경쟁 상대는 누구일까? 세계 부동산업계 거물인 도널드 트럼프일까? 포트만 회장은 "나 자신만이 유일한 경쟁자"라며 "전보다 조금이라도 더 나은 작품을 만들겠다는 생각으로 어제의 자신과 경쟁한다"고 단호히 말한다. '나의 최고 걸작은 다음에 나올 책'이라고 답하던 피터 드러커처럼, 포트만은 "과거가 아닌 미래가 나를 흥분시킨다"고 말하는 것이다.

주로 옛날이야기를 하면서 들뜨고 흥분하는 사람이 있다면 그는 이제 나이가 들었거나 더 이상 새로운 시도를 하지 않는다는 고백과 다름없다. 성공한 연장자가 조심해야 할 한 가지는 자아도취적으로 자기 이야기를 하느라 다른 사람의 이야기를 듣지 못하는 것이다. 더 이상 새로운 이야깃거리가 없다면, 그때가 바로 리더가 은퇴를 고려해야 할 시점이 아닐까 한다.

"지식은 사람의 운명을 바꿀 수 있다"

006   리카싱

아시아 최고 부자로 불리는 리카싱Li Ka Shing 청쿵그룹 회장이 존경 받는 이유는 어마어마한 부자로 성공했기 때문이 아니라, 남다른 생활철학을 갖고 있어서다. "지금의 내가 존재할 수 있는 것은 성공한 후에도 교만해지지 않도록 늘 나의 일상을 되돌아보면서 성찰한 습관의 결과였다"는 그의 고백이 의미 있게 다가온다.

그는 주로 '내가 지나치게 교만하지 않나, 주변의 직언을 들으려 하지 않거나 거부하고 있지는 않나, 내가 한 말에 책임을

지기 싫어하지는 않나, 문제해결의 통찰력이 부족하지는 않나'를 매일같이 생각했다고 한다. 이런 질문은 다른 리더들도 따라해볼 만한 자기점검 리스트다.

그는 자신의 성공비결로 근면함과 철저한 자기관리를 꼽았다. 그리고 그에 못지않게 꾸준한 지식 습득도 중시한다. 그는 "많이 배우지 못한 탓도 있겠지만 자신의 비즈니스에 대해선 항상 최신 지식을 가져야 한다고 생각한다"고 말했다. 특히 현재를 넘어 미래의 비즈니스가 어떻게 발전할지에 대한 지식 확보를 중시했다.

그는 운명이란 사람이 바꿀 수 있는 것이고, 운명을 바꿀 수 있는 힘은 지식이라고 믿었다. 그는 지금도 끊임없는 독서로 새로운 지식을 습득한다. 매일 취침 전 최소 30분간 독서하는 것을 불문율로 삼고 있을 정도다.

그가 지식이라고 표현한 것은 사실 지혜에 더 가깝다. 지혜는 현실을 단편적으로만 보지 않고 심층적이고 다각도로 살펴보는 안목을 통해 길러진다. 책은 다른 사람의 시선을 빌려서 세상을 볼 수 있는 또 하나의 방법이다. 동서고금을 통해 유구히 독서가 강조되는 이유다.

독서는 최고경영자가 여름 휴가철에만 집중해야 할 과제가 아니라 습관처럼 반복해야 할 일상인 것이다.

"리더란 위기의 순간에도 평상심을 유지할 수 있어야 한다"

007 조지 버클리

기업 조직도 하나의 생명체처럼 생로병사의 생장과정이 있다. 태동하고 성장할 때까지는 변화와 발전에 모든 초점이 맞춰지지만 성장한 이후에 조금만 관리를 소홀히 하면 군살이 붙어 움직임이 느려지고 동맥경화 현상으로 조직이 뒤뚱거린다. 그러므로 지속 성장하는 기업은 끊임없이 혁신해 노화를 방지하고자 노력한다. 그렇더라도 급격한 외부 환경의 변화는 다루기 쉽지 않다.

2008년 금융위기가 터지자 건실했던 기업들조차 휘청거렸다. 당시 3M의 CEO였던 조지 버클리는 '과연 이 위기를 무사히 헤쳐 나갈 수 있을까' 하는 생각에 두려웠다고 한다. 그러나 순간 깨달은 것은 과연 조직구성원들이 두려움에 떨고 있는 리더를 믿고 따를 것인가 하는 점이었다. 순간 제정신을 차리고 한 발 물러서서 평상심을 회복하니 문제와 현실이 보였고 대처할 방법도, 직원들에게 상황을 설명할 용기도 갖게 됐다고 한다.

리더의 평상심 유지는 자기관리의 기본이다. 리더십은 부하직원이나 팀을 관리하는 데 주로 초점이 맞춰져 있지만 리더의 자기관리도 그에 못지않게 중요한 영역임을 알아야 한다. 기업의 최고경영자도 도움이 필요한 존재들이다. 그 누구보다 많은 스트레스와 압박감에 시달리기 때문이다. 모든 것을 통제할 수 있다는 그릇된 자신감은 오히려 신경쇠약을 불러온다.

그러므로 스스로 자신을 위로하고 격려할 수 있는 돌보는 자아도 필요하다. 최선의 노력으로도 어쩌지 못하는 힘든 시기에 처했다면 과거 자신의 인생에서 자랑스러웠던 순간을 떠올려 보고 그때 그 순간 자신의 정신자세나 태도를 기억해보라. 힘과 에너지가 느껴지고 위대한 존재인 자신에 대한 믿음을 회복할 수 있을 것이다. 어려울 때일수록 자신감이 넘치며 표정이 밝고 편안함이 배어나오는 리더와 함께하고 싶은 것이 인지상정이다.

"이성은 결론을 낳지만 감성은 행동을 낳는다"

008 캐빈 로버츠

세계적인 광고회사 사치앤사치의 CEO 캐빈 로버츠^{Kebin Roberts}는 기행에 가까운 행동으로 세간의 이목을 집중시키는 재능을 가진 경영자다. 그는 이전 직장에서 경쟁사 콜라 자판기를 총으로 난사하는가 하면, 회사 이름이 '라이언나탄'인 곳에 첫 출근하면서 진짜 사자를 데리고 등장하는 등 중요한 순간마다 드라마 같은 이야기를 연출했다. 그는 어떻게 해야 사람의 마음을 흔들 수 있는지 잘 알고 있었고, 매번 계산된 행동을 통해 전하고자 하는 메시지를 사람들의 뇌리에 단번에 각인시켰다.

그는 "이성은 결론을 낳지만 감성은 행동을 낳는다"고 보았다. 진짜 시장조사는 소비자의 투표수를 집계하는 것이 아니라 심장박동 수를 세는 것이라고 할 정도로, 감성에 대한 호소력을 브랜드의 가치 기준으로 삼았다.

자신이 나름 똑똑한 리더라고 자부하는 이들이 자주 빠지는 함정 가운데 하나는 논리적으로 설득하면 직원들이 움직일 것이라고 착각하는 것이다.

사람이란 옳고 그름을 판단할 때는 이성에 의존하지만, 막상 실행할 때는 좋고 싫은 감정에 더 큰 영향을 받는다. 그래서 대부분의 직원들이 뒤로 미뤄서 얻게 될 이익이 없다는 것을 알면서도 업무를 자꾸 미루고, 동료와 협력하지 않으면 결과적으로 자신에게도 불이익이 있다는 것을 알면서도 먼저 미팅 제의를 하기 싫어 미적거리다가 상사의 불호령을 듣곤 한다. 다른 사람이 게으름을 피우면 답답하고 한심한 눈길로 쳐다보지만 자신과 관련한 일이면 변명할 이유부터 떠올리는 게 사람이다.

여러 번 설명하고 거듭 질책을 해도 조직구성원의 반향이 없다면 그들의 게으름과 수동적인 태도를 탓하기 전에 속마음을 읽어봐야 한다. 상대를 움직이려면 긍정적 정서를 먼저 만들어라. 매번 야단과 질책만 하는 상사의 지시를 따르기 싫어하는 것은 자연스러운 본성이다.

"위기의식을 강조하되 패배의식을 심어서는 안 된다"

009　　　　　　　　　　　　　　　　　　　　이와타 사토루

게임회사 닌텐도의 4대 사장인 야마우치 히로시^{山内博}는 어느 날 뜻밖의 인사 조치를 취했다. 하청업체인 할^{Hal} 연구소에서 일하던 이와타 사토루를 영입한 지 2년 만에 사장으로 발탁한 것이다. 내부에 일찌감치 차기 경영자 감으로 촉망 받던 인물이 있었지만, 그는 위기의 닌텐도를 구할 인물로 나이 어린 외부 인재를 선택했다. 당연히 조직에서는 이와타 사장을 낙하산을 타고 온 존재쯤으로 여겼고, 제 역할을 할 수 없을 것이라고 수군거렸다.

이와타 사장은 이런 우려를 불식시키고 신뢰를 얻기 위해 전 직원을 상대로 개별 면담을 진행했다. 그는 면담에서 직원들에게 위기의식을 심기 위해 노력했다. 그러나 닌텐도의 모든 것을 부정하고 개혁하겠다고 나서지는 않았다. 그는 위기의식을 심기 위해 닌텐도를 위해 노력해왔던 사람들을 패배자로 매도할 수는 없다고 생각했다.

이 점은 각 기업의 외부 영입 인재들이 한 번쯤 성찰해봐야 할 포인트다. 경영환경이 빠르게 변화하는 산업에서는 내부 인재를 육성하는 것보다 외부에서 역량 있는 인재를 영입하는 것이 시간적으로나 비용적으로 더 유리할 수 있다. 문제는 외부 영입 인재의 조직 정착 실패율이 의외로 높다는 것이다.

높은 연봉과 좋은 조건을 제공하고 이동해오는 대가로 조기 성과창출을 약속한다면 급진적인 변화 드라이브를 선택하기 십상이다. 이들은 자신이 추구하는 변화를 빨리 이루기 위해 기존 조직의 수고와 노력을 쉽게 폄하하거나 부정한다. 이 결과, 기존 조직구성원들은 피해자의 감정을 갖게 되고 수동적으로 뒤로 물러서고 만다.

반드시 기억하라. 조직 재건에 필요한 것은 위기의식이지 패배의식이 아니다.

"이끌거나 따르거나 비켜서라"

010 테드 터너

세계적 언론재벌, 미디어 황제로 불리는 테드 터너Ted Turner. 그는 다른 사람이 무엇인가를 하기 전에 먼저 시작하는 것이 성공의 전략이라고 믿는 사람이다. 1980년, 그는 세상의 기대보다 훨씬 앞서 24시간 뉴스만 방송하는 뉴스 전문 방송사CNN를 설립했다.

당시 주변에서는 "저 사람이 지금 제정신인가, 누가 하루 종일 뉴스만 본단 말인가" 하고 어이없어했다. 하지만 그는 주위의 비웃음에 좌절하거나 위축되는 사람이 아니었다. 그는 무엇보다 자신이 옳다는 것을 행동으로 증명하는 쪽을 중요시했고, 언제나 그쪽을 선택했다. 공급이 수요를 창출하게 만들 것이라는 그의 믿음은 적중했고, 현재는 매일 1억 명이 넘는 세계인이 CNN 뉴스를 보고 있다.

"이끌거나, 따르거나, 아니면 비켜서라"는 좌우명처럼 그는 새로운 시장을 선도해냈다. 세상 사람들은 그의 성공을 놀라운 눈으로 바라봤다. 하지만 그의 놀라운 행보는 여기서 다가 아니다. 방송사업을 통해 큰돈을 번 그는 1997년 자기 재산의 3분의 1에 해당하는 10억 달러를 UN에 기부하기로 결정했다. 그 후 수많은 세계 거부들이 그를 따라 기부 행렬에 동참하기 시작했다.

그는 언제나 자신이 하려고 하는 일의 의도를 분명히 드러냈다. 스스로 정한 묘비명이 '난 더 이상 할 말이 없다'일 정도로 언제 어디서든 원하는 대로 행동하고, 하고픈 말은 참지 않았다.

물론 보편적으로 통용되는 사회적 가치 기준으로 본다면 그는 자유분방한 사생활 면에서 결함이 적지 않은 사람이다. 하지만 자신이 해야 한다고 결정한 일에는 확고한 입장을 취했기에, 진정한 리더였다고 평가하고 싶다. 그는 언제나 자신 앞에 놓인 장애물에 배수진을 치는 자세로 전력투구할 줄 알았고, 실패의 쓰라린 경험 앞에서는 승리하는 방법을 배우는 과정이라고 스스로를 다독일 줄 아는 사람이었다.

<u>스스로</u> 이야기의 주인공이 되거나 최초의 계획을 수립한 사람이 되는 경우라면 주위의 비판에서 능동적으로 벗어나 홀로 머무를 수 있는 용기가 필요하다. 선구자가 될 것인지, 아니면 추종자 또는 방관자가 될 것인지는 무엇을 선택하느냐뿐 아니라 그 선택에 맞는 입장을 취할 수 있는 주관이 있느냐가 좌우한다.

"팀워크에 의한 총체적 능력이 개인의 탁월함보다 훨씬 중요하다"

루치아노 베네통

의류업체 베네통은 알록달록 다양하고도 선명한 색상이 연상되는 컬러 지배력을 가진 브랜드다. 컬러 자체가 하나의 브랜드 정체성으로 정착된 과정은 단순하지만 흥미롭다.

현재는 회장이 된 루치아노 베네통 Luciano Benetton은 10대 시절에는 소년 가장이었다. 그는 생업을 위해 집안의 고물 집기를 내다 팔아 겨우 편물기 한 대를 살 돈을 마련했고 이것으로 스웨터 제작, 판매업을 시작했다. 하지만 빠르게 바뀌는 유행을 따라잡기 힘들었다. 더 이상 물러설 곳이 없었던 어린 베네통은 재고로 남게 될 스웨터를 줄이려고, 실이 아닌 완성된 스웨터를 염색하는 후염가공이란 아이디어를 찾았다. 또한 다른 제품과의 차별화를 위해 눈에 띄는 원색적인 컬러를 선택했다.

어린 시절 오로지 혼자 힘으로 창업하고 자신의 아이디어로 성공을 한 경우엔 자신의 성공 방식에 도취돼 자신이 모든 것을 결정하려는 아집이 생기기 쉽다. 자수성가한 창업자가 사업이 확장된 후에도 스스로 모든 것을 통제하려다가 자신의 한계 안에 갇히는 모습을 자주 보이는 것도 이런 이유에서 비롯된다.

베네통은 시대를 앞선 선택으로 회사를 세계적인 의류회사로 성장시켰지만 자신이 모든 것을 책임지고 통제하려 하지 않았다. 그는 전 분야에서 통하는 리더십이란 있을 수 없다고 봤다. 그는 "각기 다른 분야에서 최고의 사람들이 모여 팀워크를 이루는 것이 탁월한 개인에 의존하는 것보다 성과가 좋다"고 믿었다.

가족 기업인 베네통은 형제들이 각기 자신 있는 분야를 맡아 협력하고 있다. 뜨개질 솜씨가 좋았던 여동생이 디자인을 맡았고, 남동생은 재정과 사업, 베네통 본인은 마케팅을 담당하며 파격적인 광고로 세계인의 주목을 끌고 있다.

크던 작던 조직을 만드는 이유는 각자의 강점을 총합적으로 활용하려는 게 목적일 것이다. 그런데 간혹 팀워크보다 탁월한 인재 한두 명을 집중 조명하는 사례를 많이 본다.

필요에 의해 조직을 만들어놓고 조직의 총체적 기능을 살리기보다 특정 개인의 기능에 의존하는 우를 범하지 말아야 한다. 스타 외엔 불필요하다는 생각이 아니라면 팀 구성원 한 명 한 명이 기여하는 바가 무엇인지 분명히 하고 상호의존적 기능의 총합을 활용해야 한다.

"신뢰라는
엄격한 규율"

로버트 갤빈

로버트 갤빈Robert Galvin은 모토로라의 창업 2세다. 하지만 아버지의 업적을 답습하는 데서 그친 게 아니라 새로운 비즈니스를 발굴하고 도전적 투자를 통해 회사를 비약적으로 성장시켜 놓았다. 창업자의 업적과 성과가 2, 3세대까지 계승되는 것은 쉽지 않은 일이다. 그럼에도 로버트 갤빈은 안정적으로 경영 승계를 이뤘다. 그 비결은 무엇일까?

그는 아버지가 자신을 신뢰라는 엄격한 규율로 키웠다고 말한다. 아버지가 언제나 자신을 신뢰했기 때문에 그 신뢰에 보답하려고 노력할 수밖에 없었다고 한다. 그가 경영자로서 감내해야 할 도전과, 응전의 과정에서 보여준 리더로서의 자질은 아버지의 양육방식에서 비롯되었다고 생각한다. 진정한 신뢰가 어떻게 책임감을 키워내는지 보여주는 좋은 예라고 할 수 있다.

관리 감독을 소홀히 하면 직원들이 책임을 다하지 않을까 염려가 되는가? 아니면 조금만 관리를 소홀히 해도 문제가 발생하고 있는가? 휴일 특근자가 회사에 나와서 놀고 있지나 않을까 신경이 쓰여서 회사에 잠시라도 들러봐야 안심이 되는가?

이런 관리자의 관심과 모니터링 수고는 직원에게 무책임이라는 악순환의 고리를 만들어주는 형국에 지나지 않는다. 시시콜콜 간섭하고 의심스런 눈초리로 감시를 하면 모든 게 잘 될 것 같지만 이상하게도 뜻대로 되지 않아 불만스러워질 때가 많을 것이다.

그 이유는 통제와 관리에 대해 책임을 지는 사람이 따로 있기 때문이다. 통제와 관리가 심해질수록 자발적인 책임감은 줄어들고 감시를 잘 피하는 요령만 터득하고 만다. 애초에 회사와 리더를 믿지 않았기 때문에 자신들의 믿음을 저버린 행동에 아무런 죄책감도 생기지 않는다.

리더십 연구자인 워런 베니스는 지혜로운 리더십에 대해 이렇게 말한다. "길게 보면 가끔 속임을 당하거나 실망할 위험이 따르더라도, 신뢰를 듬뿍 보내는 것이 무능하거나 불성실하다고 여겨 믿지 못하는 것보다 훨씬 낫다."

신뢰를 받으면 스스로 관리하려는 욕구가 생기기 때문에 따로 관리 감독을 받을 필요가 없다. '믿을만한 행동을 한다면 신뢰하겠다'는 조건절을 걸고 감시하지 말라. 먼저 무조건적인 신뢰를 보여줌으로써 무거운 책임감으로 스스로를 엄격히 관리하도록 하는 것이 장기적으로 자율성을 키우는 방법일 것이다.

"혁신을 위한 가장 훌륭한 시스템은 시스템을 갖지 않는 것"

013   스티브 잡스

스티브 잡스가 자기 손으로 영입한 임원에 의해 자신이 만든 회사에서 쫓겨났던 사건은 이미 널리 알려져 있는 일화다.

   1990년 말 애플의 경영이 악화되면서 쫓겨났던 스티브 잡스가 애플로 복귀할 때였다. 그의 회생 전략은 비용 절감을 통한 흑자 전환이 아닌 혁신을 통해 새로운 비즈니스를 창출하겠다는 것이었다. 경영 정상화를 위해 꺼낼 수 있는 가장 손쉬운 선택인 '대량 해고카드' 대신 '돈이 되는 제품'으로 승부를 건 셈이다. 그리고 그의 전략은 멋지게 성공했다.

세상을 놀라게 하는 혁신적인 제품을 연속으로 만들어내는 능력은 어디에서 나올까. 그는 〈비즈니스 위크〉와의 인터뷰에서 "혁신을 위한 가장 훌륭한 시스템은 시스템을 갖지 않는 것"이라고 말했다. 애플은 신제품을 구상할 때, 고객 수요 조사를 하지 않는 것으로 알려져 있다. 그들은 사람들이 자신이 원하는 것을 보여주기 전까지는 자신이 진정 무엇을 원하는지도 모른다고 생각했다. 애플은 고객 자신조차 인식하지 못하는 욕구를 충족시켜주는 제품을 만들어냄으로써 독보적인 영향력을 지니게 됐다.

창의적인 일을 할 때는 혼자 연구실에서 궁리를 거듭하기보다 사람들과 만나 의사소통하는 쪽이 더 효과적일 수 있다. 그러므로 혁신적인 조직문화를 만들기 위해서는 단순히 회사 건물을 색다른 분위기로 바꾸거나 회의실을 특이한 인테리어로 꾸미는 등 외적인 요소를 바꾸는 데 집중해서는 안 된다. 오히려 서로 형식에 구애받지 않고 충분히 대화를 할 수 있는 무형식의 소통이 장려되는 분위기부터 만들어야 한다.

"리더십의 가장 일반적인 모순은 인내와 긴급이 동시에 필요하다는 것"

014   로버트 타운센드

성공 지향적인 경영자이거나 실적에 따라 평가를 받는 기업 리더들은 늘 인내와 긴급의 줄타기를 한다. 좋은 성과를 위해서는 시간을 들여 투자해야 한다는 점을 모르는 바가 아니지만, 그와 동시에 결과를 빨리 확인해서 자신의 상사나 주주의 신뢰를 얻고자 하는 욕구 때문에 부하를 다그치곤 한다.

위기에 빠진 렌트카업체 에이비스AVIS를 구제한 로버트 타운센드Robert Townsend는 리더십을 발휘할 때 무엇보다 중요한 것이 '인내'라고 강조한다. 유능한 리더라면 업무 목표에 합의한 후

일이 진전되지 않는다고 그 일을 도로 빼앗아 가지 않는다. 믿음을 가지고 인내하며 자신이 도와줄 것은 없는지 물어보고 기다릴 줄 안다는 것이다.

만년 적자상태였던 에이비스의 경영을 맡게 됐을 때 그가 흑자 전환의 돌파구로 삼은 것은 '업계 2위'라는 현실을 직시하고 당당히 인정하는 것이었다. 어려운 상태의 기업을 맡은 리더들은 흔히 단기적 실적 개선을 위해 과거의 잘못을 들춰내고 문제점을 찾아내는 데 집중한다. 하지만 그는 다소 시간이 걸릴지라도 이기는 전략을 찾아야 한다고 생각했다.

그래서 그는 실적개선 지표를 내놓으라고 닦달하는 대신에 직원들 마음속의 패배의식을 없애는 것부터 시작했다. 그는 광고 대행사가 '우리는 업계 2위에 지나지 않습니다'라는 광고 전략을 수립하는 데 90일의 시간이 필요하다고 했을 때도 시간을 단축하라고 요구하는 대신 믿고 기다려줬다. 그가 긴 시간 동안 철저하게 회사 내, 외부적인 경쟁력을 분석한 후 내세운 '2위 광고'는 주효했고, 성공적인 흑자 전환을 이뤄냈다.

리더십은 언제나 긴급함의 망령 때문에 휘청거린다. 단기적인 성과에 대한 집착은 리더의 인내심을 공격한다. 기업을 성장시키는 차별화 포인트는 남들이 아직 찾지 못한 미지의 영역으로 들어가는 것인데, 리더의 조급함은 확실하지 않은 길은 기웃

거리지도 못하게 한다.

  단기간의 결과 관리에 집중하다 보면 다음 단계를 대비하는 투자 결정력은 현격히 떨어진다. 그러므로 중요도와 긴급함을 기준으로 미래에 시선을 두되 오늘을 철저하게 관리하는, '인내할 줄 아는 긴급성'이 필요하다.

"기준을
높게 잡아라"

015 제임스 다이슨

유명한 혁신 구호 중에 '5%는 불가능해도 30%는 가능하다'라는 말이 있다. 점진적 개선으로는 눈에 띄는 혁신을 이루기 어렵지만, 불가능해 보일 만큼 도전적인 목표를 정해놓고 매진하면 도리어 큰 변화를 만들어낼 수 있다는 지혜가 담긴 말이다.

혁신적인 아이디어로 세상의 주목을 끄는 경영자 중에는 제임스 다이슨Robert Townsend이 있다. 다이슨은 일명 날개 없는 선풍기라는 획기적인 제품을 들고 나와 아이디어 혁신의 진면목을 보여줬다. 선풍기가 발명된 후 이 제품이 나오기 전까지 127년간 사람들은 날개 없는 선풍기란 성립 불가능한 가설이라고 받아들였다.

사실 다이슨이 날개 없는 선풍기를 내세우기에 앞서 진공청소기에서 먼지봉투를 없애겠다고 했을 때도, 사람들은 '청소기에 먼지 봉투가 있는 게 뭐 어때서'라며 그의 도전을 무시했다. 그러나 강력한 흡인력을 자랑하는 이 청소기는 이제는 비싼 가격에도 불구하고 꼭 갖고 싶은 아이템으로 자리했다.

세상이 놀랄만한 아이디어나 제품으로 주목을 끄는 사람들은 한결같이 기대 수준이 아주 높은 편이다. 그들은 자신이 정한 높은 기준에 부합할 때까지 반복되는 실패를 피하지 않는다. 창조적인 리더의 대명사로 불리는 스티브 잡스도 편집증에 가까운 집요함으로 기술 혁신을 지휘해왔다는 것은 이미 잘 알려진 일이다. 제임스 다이슨 역시 "실패는 발견에 한 걸음씩 다가가는 과정이다. 그러므로 계속 실패하라"고 주장했다. 실제로 세상에 그의 명성을 떨치게 해준 진공청소기가 나올 때까지 무려 5,126번의 실패가 있었다.

높은 기준으로 세상을 놀라게 만든 사람들은 또한 한결같이 끈기의 미덕을 지니고 있다. 그들은 기대 충족에 대한 집요함으로 어떤 상황에도 타협하지 않는 고집이 있다. 상사의 지휘 하에 있는 부하들의 입장에서는 그런 고집을 약점이라고 피드백

할 수도 있겠지만, 결과를 만들어내는 집요함은 비난 받을 일이 아니라 보호해줘야 할 특성이다.

  리더십을 강조하다 보면 모든 이가 좋아하는 사람이 되려는 헛된 꿈을 꾸는 경우가 있다. 이런 생각은 위대한 혁신을 방해한다. 기준을 높게 잡고 혁신을 지휘해나가고 싶다면, 원하는 결과와 성공의 기준을 이해시키는 노력은 필수다. 옆에서 아무리 수준 높은 외국어를 구사해도 알아듣지 못하는 사람에겐 소음으로 들릴 뿐이기 때문이다.

"내가
좋아하는 모든 것이
비즈니스다"

016 마샤 스튜어트

좋아하는 일을 할 때 가장 잘 할 수 있다는 것은 상식이다. 이 흔한 진리를 드라마틱하게 증명하는 대표적인 인물이 마샤 스튜어트Richard Booth 리빙 옴니미디어 회장이다.

그녀는 그저 누구나 하는 일로 여겨졌던 음식 만들기, 집안 꾸미기를 비즈니스화해 억만장자가 됐고 수많은 여성 창업인들의 롤 모델이 됐다.

그녀 또한 처음부터 좋아하는 일로 사회생활을 시작했던 것은 아니었다. 오히려 젊은 시절 여러 직업을 전전한 후에 뒤늦

게 자신이 정말로 좋아하는 일을 찾은 경우에 속한다.

그녀는 어린 시절 꾸밀 공간도 별로 없는 좁은 집에서 자랐지만 부모를 따라 집안을 꾸미는 일에 늘 참여했다. 결혼과 출산의 과정에서도 의식주와 관련된 많은 일들을 직접 처리했다. 출산과 함께 전업주부로 지내면서 답답한 일상을 타파할 아이디어를 자신의 일상에서 찾아낸 것은 우연이 아니었던 셈이다.

사람들은 직업을 구할 때 좋아하는 일을 찾아야 하나, 잘할 수 있는 일을 찾아야 하나 고민한다. 가장 이상적인 선택은 좋아하면서도 잘할 수 있는 일을 택하는 것이다. 그런데 재미있는 것은 사람들이 의외로 자신이 무얼 좋아하는지 잘 모른다는 것이다. 자신의 기대가 아니라 사회적 기대에 따라 남들이 좋아할 만한 삶을 사느라 지쳐버린 사람을 어렵지 않게 본다. 경영자 코칭의 전형적인 주제 중 하나가 '진정으로 자신이 원하는 삶의 목적 찾기'라는 게 이상하게 여겨지지 않을 정도다.

체험하지 않은 기대는 공상으로 머물 가능성이 높다. 생각이 아니라 몸으로 겪으면서 자신도 모르게 몰입의 순간으로 들어가고 저절로 열정이 솟구치는 분야를 찾았다면 그것이야말로 진짜다. 마샤 스튜어트는 한때 실수로 인해 경제사범으로 수감돼 있을 때조차 교도소 안에 떨어진 야생사과며 산딸기, 민들레 같은 재료를 주워서 동료 죄수들을 위한 새로운 음식을 개발했다.

모름지기 무언가를 좋아한다면 어떤 상황도 핑계거리가 되지 않는다. 먼저 자신이 원하는 것, 좋아하는 것이 무엇인지 알아보고자 하는 자기탐구의 노력이 필요하다. 정말 좋아하는 일은 은퇴 후에 할 일로 미뤄 놓고 내일을 위한 담보로 오늘을 삼고 있지는 않은가. 가장 열정적으로 오늘을 사는 방법은 자기 내면의 목소리에 따라 진짜 삶을 사는 것이다.

"저 별은 언젠가
우리 회사에서
찬란하게 떠오를 것이다"

017 고틀립 다임러

고급차의 대명사인 벤츠. 그 이름보다 유명한 것은 세 꼭지를 가진 별 로고다. 이 로고는 100여 년 전 고틀립 다임러Gottlieb Daimler에 의해 탄생했다. 다임러는 이후 벤츠와 합병하게 된 메르세데스의 창업자다.

그는 회사 창립 전 자동차회사의 엔진 기술자로 근무하면서 언젠가는 자신의 회사를 만들 것이라는 큰 꿈을 안고 살았다. 아직 마차생활이 더 익숙하던 1800년대 말 자동차회사를 설립하면서 언젠가는 세계를 제패하겠다는 큰 꿈을 세 꼭지 별의 형상에 담아 간직한 것이다. 세 꼭지 별 로고는 하늘과 땅, 바다에서 최고가 되고자 했던 열망이 담겨 있다.

사업이든 개인의 삶이든 성공하고자 한다면 먼저 목적을 분명히 정하는 것이 필요하다. 목적이 분명해야 초점을 잃지 않고 에너지를 집중할 수 있기 때문이다. 목적은 마음속 생각으로 담고 있을 때보다 글로 작성할 때 실현 가능성이 더 높아진다. 그리고 목적을 글로 작성할 때는 길고 복잡하게 서술하는 것보다 짧은 단어나 상징물로 대체하는 것이 더 효과적이다.

목적을 설명할 때 구구절절 설명이 길어진다면 아직 원하는 것이 덜 분명한 상태다. 핵심은 한 마디로 표현되는 그 무엇이다. 메시지를 집약시켜 핵심단어로 표현하려다 보면 결국 원하는 것이 무엇인지를 더욱 분명히 해야 하는 지점과 만나게 된다. 이때 메타포^{metaphor}를 활용하면 기억과 집중에 도움이 된다. 메타포는 상징, 비유, 은유를 일컫는 말로 함축적인 이미지를 담는 그릇 같은 것이다.

빠른 승진으로 남보다 일찍 경영자로 발탁된 어느 임원은 신입사원 시절부터 자기 집 좁은 방에 회사 중역용 대형 책상을 들여놓고 최고경영자가 되겠다는 포부를 키웠다고 한다. 대형 책상이 비전을 담은 메타포로 활용된 예다. 현대의 우리는 너무 많은 자극 속에서 살기 때문에 에너지를 한곳에 집중시키는 데 어려움을 겪는다.

  바쁘게 눈앞의 일에 집중하다 보면 순간순간 삶의 방향을 놓치고 이슈에 따라 휘둘리는 경우가 많다. 언제 어떤 상황에서라도 머리를 들고 하늘을 바라보면서 길잡이처럼 빛이 되어줄 나만의 북극성을 설정해보는 것이 어떨까. 지향점을 설정한 삶의 나침반을 들고 살아간다면 헤매는 일 없이 목적지에 안착하게 될 가능성이 높아질 것이다.

"약속은
약속이다"

018 라탄 타타

인도에서 가장 존경 받는 경영자인 라탄 타타^{Ratan Tata} 회장은 인도 최대 기업인 타타 그룹의 총수지만 세계 부호 명단에서는 그 이름을 찾을 수 없다.

그는 창업주의 증손자로서 경영권을 승계 받아 20여 년 만에 타타를 세계적 기업으로 키워냈다. 특히 라탄 타타는 인도 국민들의 존경을 받고 있는데 이는 그가 인도 국민과 국가경제 발전을 위한다는 기업 철학을 정직하게 실천해왔기 때문이다. 타타는 보다 많은 서민들을 위해 초저가 나노 자동차를 개발했으며 초저가 정수기에 이어 초저가 하우스 개발을 추진하고 있다.

초저가인 나노 자동차 개발 과정은 고난의 연속이었다. 초저가 자동차를 개발하기 위해서는 다운 그레이드 기술이 아닌 업그레이드 기술이 필요했기 때문에 그 과정은 무수한 시행착오의 연속이었다.

새로운 시도가 실패할 때마다 연구원들은 회장의 눈치를 보면서 무서운 질책을 받지는 않을지 긴장했지만 라탄 타타 회장은 끝없이 올라오는 실패 보고에 대해 한 번도 큰소리로 질책하지 않았다. 오히려 자신도 팀원으로 참여하여 아이디어를 찾도록 독려했다.

엄청난 개발 비용을 투자하고 파란만장한 연구 과정을 거쳐 자동차가 제작됐을 때, 사람들은 설마 처음에 정해둔 그 가격에 팔겠느냐고 의심했다. 보급형 자동차로 저렴한 값을 매기기에는 너무 많은 연구개발 비용을 투자한 탓이었다. 그러나 라탄 타타 회장은 "약속은 약속"이라면서 처음 얘기했던 가격을 붙여 시장에 내놓았다.

그가 존경 받는 이유는 자신이 한 말을 지키려고 하는 성실성과 진정성 덕분이다. 그는 기업을 경영하는 것도 인도 국민을 위한 일이라고 하면서 인도 국민 중 일부인 자신의 직원을 절대 홀대하지 않았다. 경영자로서 성과에 대한 조바심이 났을 테지만 확고한 의지를 갖고 다시 도전할 수 있도록 독려했다.

성과 지향적인 리더는 비전과 목표를 앞세워 고난을 당연시하고 질책을 정당화하기 쉽다. 그러나 직원을 목적달성의 수단으로 보지 않고 목적을 위해 함께 헌신하도록 만드는 것이야말로 위대한 리더십임을 기억해야 한다.

"일과 가정의 조화를 이뤄라"

019 인드라 누이

세계에서 가장 영향력 있는 여성으로 꼽히는 인드라 누이^{Indra Nooyi}는 자신을 펩시의 CEO로 소개하기보다는 '프리타와 타라의 엄마'로 소개하길 즐긴다. 한 가정의 엄마이자 아내의 역할도 소중히 생각하고 있음을 보여주는 태도다.

인도 출신의 그녀가 여러 불리한 조건을 이겨내고 펩시의 최고경영자로 결정된 날이었다. 그 기쁜 소식을 전하러 집에 들렀을 때 그의 어머니가 건넨 첫 마디는 "어서 가서 우유나 사와"였다. 일과 가정의 조화를 중요하게 생각하는 그의 가치관과 신념이 어디서부터 시작됐는지 짐작되는 일화다.

그녀는 직원들에게 일보다는 가족을 먼저 생각하라는 조언을 아끼지 않는다. 이런 조언을 다른 사람도 아닌 최고경영자가 하고 있다는 사실이 흥미롭다. 그녀는 모든 직원들이 자신이 직원이기 이전에 누군가의 아내이자 남편, 어느 아이들의 부모, 어떤 부모의 사랑스런 자식이기도 하다는 사실을 인정해야 한다고 생각한다. 개인의 삶과 일을 경쟁적으로 대치시킬 게 아니라 전체의 삶으로 조화를 이뤄가도록 하는 게 회사에도 도움이 된다고 여기기 때문이다.

일과 가정의 조화를 이룬다는 의미는 단순히 기계적으로 일과 개인 시간을 5:5로 분배해야 한다는 게 아니다. 상황에 따라 역할 모자를 바꿔 쓸 수 있는 유연한 역할자가 되어야 한다는 의미다.

한 사람은 동시에 여러 역할을 맡고 있다. 그러니 역할이 바뀔 때마다 역할자 행동을 충실히 하는 게 최선이다. 어떤 역할도 다른 역할을 희생시킬 권리는 없다. 현재 자신이 수행하는 역할과 존재 이유가 통합될 때 갈등 없이 몰입하고 에너지를 집중할 수 있을 것이다. 일과 개인의 삶이 분리된 게 아니라 전체 삶의 중요한 하위요소임을 인식한다면 매순간 '지금, 여기'에서 선택해야 할 일이 분명해진다.

"'원래 그랬기 때문'이란 건 없다"

블레이크 마이코스키

사람들은 흔히 언젠가 돈을 벌면 기부하는 삶을 살겠다는 선의의 결심을 한 채 기부 행위를 집행유예하며 살아간다. '돈을 벌면 기부해야지'라는 익숙한 사고 때문에 기부하면서 비즈니스도 할 수 있다는 생각은 하지 못하는 경우가 많다. 이런 보편적인 생각에 도전을 한 인물이 바로 탐스 슈즈의 창업자 블레이크 마이코스키Blake Mycoskie다.

자유분방한 대학생 같은 차림새만큼이나 사고도 자유로운 그는 기존 질서에 도전하기를 즐긴다. 그는 스스로에게 늘 '왜'

라는 질문을 던지며, 익숙한 것에 의문을 제기하고 압박을 가하는 습관이 있다. 특히 '원래 그랬기 때문'이라고 여기며 무기력하게 따라 하기를 거부한다.

신발회사를 창업한 배경도 새로운 관점으로 현실을 해석하는 창의적인 사고 습관의 결과다. 그는 아르헨티나로 휴가를 갔다가 우연히 가난한 아이들에게 신발을 나눠주는 봉사활동에 참여하면서 여러모로 충격을 받았다.

그는 전 세계 많은 아이들이 그 흔한 신발 한 켤레를 신지 못해 여러 질병에 노출돼 있다는 점과 여전히 많은 아이들이 도움의 손길에서 소외돼 있다는 사실에 적잖이 놀랐다. 그는 이 좋은 일을 일회적으로 끝낼 것이 아니라 지속적으로 할 수 있는 방법이 없을까 고민했다. 그래서 아예 신발을 팔면서 기부도 할 수 있는 신발회사를 차리는 쪽으로 생각을 하게 됐다.

그가 설립한 탐스 슈즈는 고객이 신발 한 켤레를 사면 자동적으로 신발 한 켤레가 기부되는 시스템을 갖고 있다. 또한 기부 철학에 공감하는 고객들의 입소문과 추천으로 따로 마케팅을 하지 않아도 나날이 매출이 성장하고 있다.

경영자로서 그가 하는 일도 흥미롭다. 그는 연간 200일 넘게 출장을 다니는데 대부분 탐스 슈즈의 이야기를 들려주는 강의를 하기 위해서다. 강의를 듣고 감동을 받은 사람은 자신의 지인들에게 탐스 슈즈를 알리고, 그 결과 저절로 무서운 광고 효과를 내고 있다.

그저 생각의 각도를 조금 조정했을 뿐인데 완전히 새로운 이야기가 만들어진 것이다. 지금 이 순간에도 '그건 원래 그래'라는 고착된 생각 때문에 제자리걸음을 하고 있지는 않은가. '원래 그런 것'의 대부분은 어제를 산 사람의 변명일 뿐이다.

"경영자는 다음 분기의 실적보다는 회사가 장기적으로 가야 할 방향을 잘 관리해야 한다"

021 제임스 시너걸

창고형 할인매장 코스트코의 창업자 제임스 시너걸^{James Sinegal}은 여러 차례 최고의 CEO, 미국을 빛낸 지도자 명단에 이름을 올렸던 경영자다. 그는 어린 시절 하역 노동자로 일하는 등 힘든 생활을 겪은 탓에 사원 복지에 특별히 관심을 기울였다. 자신은 철저히 근검절약하면서도 직원들에겐 동종 업계 최고의 대우를 해주려고 노력했다.

좋은 제품을 싼 가격에 공급해 고객만족을 추구하고, 함께 일하는 직원들을 만족시키기 위해 많은 노력을 한 그였지만 주주들과 월 스트리트 전문가들에게는 냉정하게 대처했다. 배당에 관심이 많은 주주들이 단기적인 성과 향상에 도움이 되는 경영을 주문할 때 그는 짐짓 못 들은 척하면서 자신의 소신을 지켜 나갔다.

모름지기 최고경영자라면 다음 분기에 일어날 일에 관심을 가질 것이 아니라 장기적으로 회사가 나갈 방향에 대해 고민하고 준비하는 것이 진정한 책무라고 믿었기 때문이다. 주주들의 기대를 충족시키려면 제품 가격을 인상해 이익을 남기고 직원들에게 좋은 대우를 해주는 것도 자제해야 했다.

대개 경영자들은 오너나 주주의 기대를 무시하기 힘들기 때문에 가치 경영을 하는 데 한계가 있다고 생각한다. 그런 면에서 시너걸의 고집은 좋은 본보기가 될 수 있다. 재임 기간에는 시장의 주목을 받을 만큼 놀라운 성과를 내다가 막상 그 경영자가 조직을 떠난 후에 성과가 급격히 추락하는 숱한 사례를 본다. 이를 통해 단기성과에 집착하는 리더가 얼마나 위험한지 우리는 잘 알게 되었다. 코스트코는 단기성과에 연연해 하지 않고 가격 억제 정책을 고수한 덕분에 오히려 충성고객을 확보하고 꾸준한 성과를 창출할 수 있었다.

경영자가 자신의 가치와 신념을 보호하는 방법은 주요 이해당사자의 기대와 욕구를 잘 관리하는 것이다. 그래서 경영자에겐 일시적인 압박을 견뎌내는 자기 확신감과 더불어 주주들이 가치 투자를 결정할 수 있도록 설득하는 재무적 의사결정력이 필요하다. 일방적인 주장이나 고집으로 버티는 것이 아니라 정직한 도덕성을 유지하면서 경영성과를 위해 헌신하는 모습을 보여줄 때 가치 경영 전략은 보호받을 수 있다.

"팀워크는
선택 사양이 아니다"

윌리엄 & 찰스 메이요

미국 중서부 소도시에 있는 메이요클리닉은 전 세계인에게 사랑받는 병원이다. 특히 중병에 걸린 환자들에게 마지막 보루, 희망의 상징처럼 여겨지고 있다. 유료 병원, 즉 영리병원이면서 이런 평가를 받게 된 배경은 뭘까.

설립 당시부터 확고했던 '환자를 최우선으로 한다'는 경영철학 덕분일 것이다. 환경과 운영시스템을 환자 중심으로 설계한 것은 물론이거니와 환자 한 명을 위해 전체 병원의 자원과 인력이 협력해 진료하는 것이 메이요클리닉 성공 방정식의 핵심이다.

설립자인 윌리엄과 찰스 메이요 형제는 "팀워크는 선택 사양이 아니다"라고 말한다. 병원의 각 파트에서 일하는 사람 모두는 병원과 환자를 위해 적극적으로 의견을 개진하고 참여해야 하고 구체적으로는 환자 한 명을 진료하는 데 관련된 모든 사람이 영역의 구분 없이 최선을 다해 협력해야 한다는 뜻이다.

자기 분야의 전문성을 중시하는 의사 그룹이 다른 사람의 의견을 경청하는 것도 놀랍지만 각자 자기 일로 바쁜 사람들이 기꺼이 협력에 동참하는 것도 신기한 일이다. 이런 일이 가능하게 하는 힘은 무엇일까. 일반 기업들처럼 협력의 대가를 인센티브로 제공하는 것은 아닐까? 그러나 메이요에는 숨은 노력에 대한 특별한 보상이 없다. 그저 조직이 추구하는 가치에 맞게 행동했다는 개인적인 만족감이 동인으로 작용할 뿐이다.

만족감이 협력에 대한 보상이 되려면 성과가 최우선 가치가 아니라 사회 공헌 등 차원 높은 가치를 추구하는 조직이어야 가능하다. 많은 기업들이 강조하듯 팀워크의 결과는 개인의 유능함을 능가한다. 하지만 팀워크 문화를 조성하는 것은 쉽지 않다. 연봉제도가 도입되면서 개인의 성과 평가와 보상이 하나로 묶여버렸기 때문에 각자의 일에 매진하는 것이 경쟁력이라고 믿게 됐다. 물질적인 보상에 매달리면 협력의 순수성은 사라지고 단순히 협력했음을 증명하는 데 신경을 쓰게 된다.

개인의 유익을 넘어서는 가치가 담겨 있고 공공선에 기여하는 미션이 내포된 일을 할 때 협력의 자발성은 증폭된다. 가치경영에서의 협력이란 다른 사람의 결정에 순순히 따라주는 수동적인 협력이 아니라 상대의 잘못을 지적하고 반대 의견을 제시하면서 갈등의 불편함을 감내하는 능동적인 협력을 의미한다. 그러므로 협력하는 조직문화는 옳은 일을 하는 데 동참했다는 자긍심을 키울 수 있어야 지속 가능해진다.

The words that great CEOs left us **경청하는**
리더십으로 사람들을 이끈
리더들의 한 마디

소/통/하/라 2

"커뮤니케이션의 성패는 얼마나 이야기를 잘 하느냐가 아니라 상대를 얼마나 잘 이해시키느냐에 따라 결정된다"

앤디 그로브

앤디 그로브Andy Grove 인텔 전前 CEO는 원래 헝가리 태생이다. 그는 미국으로 이주해 버클리에서 화학공학으로 박사 학위를 받았으며, 1968년 창립 직후인 인텔에 입사했다. 널리 알려져 있듯 인텔은 마이크로소프트MS, IBM과 함께 개인용 컴퓨터PC 시장의 폭발적 성장을 이끈 기업이다.

비메모리 반도체 시장에서 인텔의 지위는 사실 윈도우Windows로 PC 운영체계를 석권한 마이크로소프트보다 훨씬 더 강력하다. 그런 인텔에서 앤디 그로브는 30년 가까이 의사결정 상의

'독점적 지위'에 있었다. 하지만 그는 자신의 지위와 권한을 남용해 독선적이거나 일방적인 커뮤니케이션을 하지 않았다. 대신 논리적 대안을 제시하고 합리적으로 합의를 구하는 겸손함으로 임직원을 설득했다.

많은 상사들이 '내가 부하직원들을 이해시키기 위해 얼마나 자주 얘기를 했는지 모른다'며 부하직원들의 우둔함과 부족함을 개탄한다. 그러나 커뮤니케이션의 성패는 '얼마나 잘 이야기하느냐'가 아니라 '상대를 얼마나 잘 이해시키는가'에서 갈린다. 모름지기 남을 이끄는 리더라면 조직의 비전과 가치, 목표를 강조하는 데서 그치지 않고, 듣는 사람이 똑같은 수준에서 이해하고 마음으로 동의하도록 해야 한다.

조직구성원들이 리더가 말한 대로 움직이지 않는 이유는 그들이 리더의 말을 자신만의 가치와 신념, 그리고 고유한 감정과 경험의 필터^{filter}로 걸러서 듣기 때문이다. 그러므로 탁월한 설득은 화려한 언어 구사력에서 나오는 것이 아니라 상대가 공감하도록 만드는 능력에 의해 결정된다. 바로 이 때문에 조직을 한 방향으로 이끌고 싶은 리더라면 반드시 조직원들의 생각과 감정을 읽는 연습을 해야 하는 것이다.

"질문은 답을 구하는 것 이상의 효과를 가진다"

024 칼리 피오리나

휴렛패커드Hewlett-Packard Company의 최고경영자였던 칼리 피오리나Carly Fiorina는 여성 리더의 역할모델을 논할 때면 빠지지 않고 언급되는 인물이다. 그는 최고경영자로 재직하는 동안 여성이라는 이유로 많은 주목을 받았다. 하지만 여성이라는 성별 때문에 소모적인 비난과 비판에 시달리기도 했다.

그녀의 화려한 등장과 실패의 역사는 자서전인 《칼리 피오리나, 힘든 선택들Tough Choices》에 고스란히 담겨 있다. 그의 행적에 대해서는 다양한 해석이 가능하다. 그렇지만 그중에서도 눈에 띄는 부분이 있다.

그녀가 한계가 아닌 가능성에 초점을 맞추고, 자신이 맡은 일에 최선을 다하며 리더로서 타인의 의견을 경청하려고 노력했다는 것이다. 이는 여자로서 사랑받기보다는 존중받기 위해 노력했던 인상 깊은 한 명의 리더로서 기억되기에 충분하다.

칼리 피오리나가 비즈니스 세계에서 여성 리더로 자리매김해나가는 과정은 결코 간단치 않았다. 그는 수많은 장애와 고난을 용기 있게 극복해나갔다. 그리고 그 힘의 원천으로 특유의 낙천적인 기질을 꼽았다. 그녀가 활달하고 긍정적인 기질을 가질 수 있었던 배경에는 3개 대륙 5개국을 이사 다니며 여러 나라의 학교에서 공부했던 경험이 자리 잡고 있다. 헌법학자였던 그의 아버지가 세계 각국의 법체계를 연구하기 위해 여러 나라를 돌아다녔기에 가능했던 일이었다.

문화와 인종이 다른 낯선 타국에서 자칫 영원한 아웃사이더로 머물 수도 있었지만, 어린 칼리는 빠른 시간 안에 사람을 사귀는 능력을 터득하며 적응력을 키워나갔다. 그는 나중에 사람을 빨리 사귀는 데 필요한 가장 강력한 무기는 '질문과 경청'이었다고 말했다.

"나는 상대방을 알기 위해 질문하는 것 자체가 상대를 존중하는 것임을 어릴 적부터 터득했다. 질문은 어떤 답을 구하는 것 이상의 효과를 가진다. 나는 질문을 하고 상대의 이야기를 잘 들음으로써 그와 깊은 유대감을 쌓을 수 있었다."

질문은 답을 얻게 해주기도 하지만 상대의 마음을 열게 하고 그의 생각을 자극한다. 또한 좋은 질문은 궁극적으로 상대방이 스스로 말하는 것보다 훨씬 많은 정보를 가져다준다. 질문하는 행동은 상대가 스스로 깨닫도록 하는 과정이며 그의 깊은 생각과 가능성의 문을 두드리는 작업이기도 하다. 따라서 질문한다는 것은 배려하는 리더를 만드는 매우 이타적인 행동이다.

"CEO의 연봉은 경청의 스트레스에 대한 보상이다"

A. G. 래플리

대부분의 CEO는 자발적이고 창의적인 조직을 원한다. 그들은 직원 모두가 관행에 얽매이지 않고 창의적인 사고를 해주길 바란다. 그런데 창의성의 발현에는 조건이 있다. 무엇보다 조직 안에서 자유롭고 생산적인 대화가 허용돼 누구나 자신의 의견을 직급에 상관없이 표현할 수 있어야 한다. 또한 시행착오를 할 시간을 허용해주며, 실패를 실패로 보지 않고 피드백으로 받아들이는 학습 문화도 중요하다.

아울러 CEO 등 리더들이 직원의 설익은 아이디어도 끝까지

들어줄 수 있는 인내심을 가져야 한다. 리더가 어떤 말이라도 진지하게 들어주는 태도를 가져야 조직원들이 주눅 들지 않고 능동적으로 말을 꺼내기 때문이다.

래플리 P&G CEO는 "나는 대화 시간의 3분의 2를 다른 사람 의견을 듣는 데 투자한다"고 말한다. 어느 날 누군가 그에게 물었다. "CEO의 연봉이 그렇게 높은 이유가 뭡니까?" 이에 래플리는 다음과 같이 답했다.

"경청의 스트레스에 대한 보상일 겁니다. 위로 올라갈수록 아랫사람의 말을 귀 기울여 들어야 하는 경청의 괴로움이 만만치 않습니다. 높은 연봉은 그 괴로움을 잘 견디라고 주는 보상이라고 생각합니다."

경험이 많은 리더가 부하직원의 설익은 미완의 아이디어나 어설픈 의견을 중간에 개입하지 않고 끝까지 귀 기울여 들어주기란 쉽지 않다. 하지만 조금만 참고 들어주다 보면 의외의 부분에서 직원의 반짝이는 창의성이 빛을 보게 된다. 리더가 직원에게 질문을 던져 그들이 부족한 부분을 인식하게끔 도와주고 산만한 이야기의 핵심을 짚어줄 수 있다면 금상첨화다. 이런 과정을 통해서 리더와 부하는 조직의 창의성을 함께 높여갈 수 있다.

"매장은 고객을 위해 있고, 점원과 함께 번영하며, 점주와 함께 망한다"

야나이 다다시

값이 싸지만 품질은 좋은 캐주얼 의류로 일본에서 돌풍을 일으킨 유니클로(정식 회사명은 패스트리테일링)의 야나이 다다시柳井正 창업자가 강연에서 남긴 말이다. 위기는 매출이나 자금, 인사 등 조직 하부에서 생기는 것이 아니라 잘못된 리더십에서 생긴다는 뜻이다. 서양 격언에도 '생선은 머리부터 썩는다The fish always stinks from the head downwards'는 말이 있다.

직원의 잘못으로 기업이 망하는 일은 별로 없다. 기껏해야 기업의 명성이나 금전적인 면에 생채기가 생길 뿐이다. 직원은 회사 업무의 '수천~수만 분의 1'만을 담당하기 때문이다.

반면 잘못된 리더십은 기업 전반을 심각하게 망가뜨린다. 건강한 손발과 오장육부에 병든 머리가 달려 있다고 생각해보라. 리더의 잘못은 그 파급력이 엄청나게 크다.

직원이 1만큼의 잘못을 한다면 그것은 1로 끝나지만, 사장이 1만큼의 잘못을 한다면 그 잘못은 '1 곱하기 직원의 수'가 된다.

실제로 건실했던 회사가 리더의 잘못된 경영으로 망가지는 사례를 많이 본다. 잘못된 리더십은 기업을 바람직하지 못한 방향으로 이끌 뿐만 아니라 직원들의 열정과 업무 의욕도 꺾어 놓는다.

그래서 리더는 언제나 열심히 지식을 습득하고 자신을 갈고 닦아야 한다. 적어도 조직에 나쁜 영향은 주지 않도록 말이다. 이나모리 가즈오 교세라 명예회장의 경우 개인적 수양을 위해 매일 저녁 철학과 종교 관련 서적을 읽었다고 한다.

"조언을
해줄 수 있는 코치를 기용하라"

027 에릭 슈미트

'현대 경영의 아버지' 피터 드러커는 '병목bottleneck은 항상 병 위쪽에 있다"는 말로 조직의 문제가 의외로 조직 상층부에서 비롯된다고 지적했다. 특히 강력한 리더를 가진 조직에서는 많은 정보와 커뮤니케이션이 위로 모이는 정도가 심해 병목 현상이 더 잘 일어난다.

카리스마적인 성향을 가진 리더들은 자신의 조직에 일사불란함을 요구한다. 이들은 변화를 빨리 포착해 순간순간 방향을 바꾸고 모든 조직원이 자신의 생각과 뜻을 따르길 원한다. 작은 조직은 이런 방향 전환을 잘 따라갈 수 있지만 일정 규모 이상의 조직은 머리와 꼬리가 따로 노는 꼴이 되곤 한다. 이렇게 되면 조직의 중간관리자들이 책임 있는 결정을 하지 않고 위쪽만 쳐다보는 상황이 발생한다.

구글의 에릭 슈미트Eric Schmidt 최고경영자는 '코치의 도움을 받으라'는 조언이 자신의 인생에서 가장 도움이 됐다고 밝혔다. 그는 처음엔 '내가 뭐가 부족해서 코칭을 받아야 하나'라며 불쾌해했다고 한다. 하지만 일단 코칭을 경험한 후에는 코칭이 경영자에게 꼭 필요한 요소라고 생각하게 됐다. 그에 따르면 코치는 리더가 제삼자의 입장에서 자신을 성찰하게 하고, 새로운 관점으로 세상을 바라보게 한다.

대부분의 사람들은 다른 사람의 시각에서 자신을 보지 못한다. 그러나 기업과 그 구성원들의 미래와 생사를 책임지는 경영자는 항상 객관적인 눈으로 자신과 세상을 살펴 약점을 없애고 위기에 대응할 수 있어야 한다. 이것이 바로 자신이 어떤 스타일의 리더이던지 정직한 조언을 해줄 수 있는 코치나 친구를 곁에 두어야 하는 이유다.

"A급 직원만 있고 견실한 B급 직원이 없다면 회사는 장기적으로 존속할 수 없다"

샘 구드너

12월은 성과 평가와 면담의 시기다. 성과급 제도를 도입한 회사의 관리자들은 12월만 되면 '평가와 면담 피로증후군'에 시달린다.

좋은 성과로 최고 수준의 평가를 받은 A급 직원은 성과급과 승진 기회, 더 많은 교육 기회 등을 제공받는다. 그런데 여기서 질문을 하나 던져 보자. 과연 A급 직원만 집중적으로 관리하는 것이 옳을까?, 그리고 A급 직원만 모아 놓으면 조직의 성과가 보장되는 것일까?

IT컨설팅 업체인 캐타펄트 시스템의 샘 구드너^{Sam Goodner} CEO는 "B급 인재야말로 A급 직원 못지않게 중요한 존재"라고 주장했다. 그는 "기업의 성공은 몇몇 A급 스타플레이어보다는 조직의 70% 정도를 구성하고 있는 평범한 B급 플레이어 등이 얼마나 견고한지에 달려 있다"고 일갈했다.

A급 직원이 가치 창출에 기여하는 것은 사실이다. 하지만 그들 중 일부는 오만하거나 공격적이고 자기중심적인 태도로 팀워크를 해쳐 조직 전체의 성과에는 오히려 악영향을 미친다. 자기 일만 열심히 하고 표 나지 않거나 성과로 연계되지 않는 일은 아예 안 하려는 얌체들도 종종 있다. 이것이 바로 A급 인재들만 있을 때 '배가 산으로 가는' 일이 생길 수 있는 이유다.

B급 인재들은 A급 인재들이 세운 비전과 전략을 실행하고 완결 짓는 존재들이다. 따라서 이들이 견실하지 않다면 조직의 장기적 성과관리가 어려워지는 게 당연하다.

현명한 경영자는 상대적인 평가 결과를 단순하게 적용하는 '제로섬 게임'에 사로잡히지 않는다. 그는 조직원 각자의 기여도를 객관적으로 평가하고 보상하여 진정으로 공정한 미덕을 이루는 데 더 주의를 기울인다.

"리더는
말과 행동이 일치해야 한다"

029 앤 멀케이

언행일치란 자신의 생각을 꾸준히 행동으로 옮기려는 성실함과 자기 자신에 대한 진솔한 정직함이 전제되어야 이룰 수 있는 덕목이다.

복사기 회사 제록스에 판매사원으로 입사한 한 여성이 있었다. 그녀는 25년간 이 회사에 근무하면서 때로는 상사와의 갈등으로, 때로는 자녀 양육의 문제로 회사를 그만둘까 수차례 고민하던 평범하기 그지없는 사원이었다.

그랬던 그녀가 어느 날 위기의 제록스를 구할 구원투수로 선발된다. 차근차근 경영 훈련을 받아오던 최고경영자 내정자가 아니라 제대로 경영 훈련을 받아본 적조차 없는 앤 멀케이Anne M. Mulcahy가 CEO 직무대행으로 낙점되자 많은 사람들이 어리둥절하게 생각했다. 혹자는 회사의 어두운 앞날에 대해 입방아를 찧어대기도 했다.

이렇게 수많은 사람들의 시선을 한눈에 받으며 CEO로 선발된 앤 멀케이는 무엇보다 리더의 언행일치를 중요시했고, 행동으로 솔선수범을 보였다. 그는 자신이 모르는 부분에 대해 조언을 구하는 것에 주저하지 않았고, 힘겨운 순간에 다른 사람에게 도움을 청하는 것 또한 부끄러워하지 않았다. 취임 초, 일면식도 없었던 워런 버핏Warren Buffett을 찾아가 조언을 구한 일화는 꽤 유명하다. 그녀는 이전 시대의 리더들이 알면서도 방치했던 문제를 과감히 대면해서 해결해나갔다. 데스크톱 사업부를 폐쇄하고, 회계 부정 사건을 들춰내 정직하게 인정하고 종결지었다.

누구에게나 숨기고 싶은 약점이 한두 가지는 존재한다. 이럴 때는 약점을 감추려고 에너지를 소모하는 대신 약점을 인정하고 보완하기 위한 전략을 구축하는 것이 훨씬 생산적이다. 자신에 대한 평가에 연연하지 않고 오직 해야 할 일에 집중한 멀케이의 진정성이 '제록스의 기적'이라고 부르는 성과를 창조해낸 원동력이 아닐까 생각해본다.

"회사 내 모든 사람의 말에 귀를 기울여라"

030 샘 월튼

소매업으로 세계에서 가장 큰 기업을 일구어낸 월마트의 창업자 샘 월튼_{Samuel Moore Walton}은 학습문화의 선구자다. 월튼은 "모든 경쟁자, 심지어 형편없는 경쟁자에게도 배울 점은 있다"며 "내가 하고 있는 일의 대부분은 다른 사람에게서 베껴온 것이다"라고 서슴없이 얘기한다.

그의 아내 헬렌은 남편의 눈이 늘 길 건너편 상점을 주시하고 있었다고 회고했다. 최고가 되기 위한 그의 열정은 매 순간 경쟁자와 고객은 물론 자기 회사의 직원들로부터도 배울 점을 찾아 집중하게 만들었다. 월튼은 자신의 직원들에게 회사에 있는 모든 사람의 말에 귀를 기울일 것을 권했다. 또한 고객과 일선에서 접촉하는 직원들이야말로 현장에서 일어나는 일을 누구보다 잘 알고 있는 사람이므로 그들의 말문을 열 방법을 늘 궁리해야 한다고 강조했다. 훌륭한 경영자는 각기 계층의 생각에 귀 기울이고 그것을 모아 전 조직이 공유하도록 전파하는 사람이다.

최근 많은 기업의 최고경영자들이 유행처럼 사원과의 열린 대화 이벤트를 열고 있다. 그런데 이런 행사의 대부분은 충성스런 참모들이 참여해 모든 대화의 장면이 잘 짜여진 시나리오에 따라 진행되도록 준비한다. 이런 방식이라면 전체가 참여한다는 의미는 있으나 소통은 전혀 이뤄지지 않는다.

어느 회사든 젊은 혁신가들이 있기 마련이다. 젊은 사고방식, 즉 기존 질서에 길들여지지 않은 '날 것'과 같은 그들의 생각에는 고정관념 따윈 아랑곳하지 않는 신선함이 있다. 모든 것이 철두철미하게 기획된 행사에서는 이런 이야기를 듣기 어렵다. 자연스럽게 이야기하는 분위기 속에서 귀 기울여야 한다. 회사 직원들의 진짜 의견은 회의가 끝난 후 상사가 없는 곳에서 담배 피우며 쏟아진다는 말이 있다. 직원들의 생활 속으로 걸어 들어가 자유롭게 쏟아내는 생각과 불만을 들어볼 일이다.

"잘못을 인정하는 말이 상대의 마음을 움직인다"

031　　　　　　　　　　　　　　　　　　　　리치 디보스

암웨이의 공동 창업자인 리치 디보스Rich DeVos는 수완 좋은 사업가 이전에 훌륭한 동기부여가다. 자신의 사업 철학을 담아 《더불어 사는 자본주의Compassionate capitalism》란 책도 펴냈다. 최근엔 '사람의 마음을 움직이는 가장 강력한 10가지 말'을 제시해서 화제다.

그중 제일 먼저 제시한 것이 '내 잘못입니다'라는 말로 자신의 잘못을 인정하라는 것이다. 늦기 전에 자신의 실수를 인정하면 실수를 바로잡고 해결책을 모색할 수 있다. 조직의 상사들을 참을 수 없게 만드는 일 중 하나는 부하 직원들이 실수 또는 실패를 제때 보고하지 않는다는 점이다.

제때 고백했더라면 쉽게 해결할 수 있는 문제였는데 손쓸 수 없는 상황이 될 때까지 묵혀두는 행태를 참아주기란 쉽지 않다. 사람들이 실수를 숨기는 이유는 완벽함을 요구하는 상사의 기대 때문이다. 완벽주의를 추구하다 보면 비현실적인 목표에 집착하게 되고 작은 실수도 용납하지 못하는 경직된 태도를 취하게 된다.

완벽을 추구하는 것 자체가 나쁘다고 할 수는 없지만 지나치게 완벽에 집착하면 스스로도 실수에 대한 부담감으로 압도된다. 또 기대치는 높은데 그에 부응하지 못하면 어쩌나 하는 두려움 때문에 과도한 자기 검열을 하게 된다. 자신이 직접 관여하지 않으면 문제가 생길 것 같은 불안감 때문에 업무에 일일이 간섭하고 잔소리를 하는 '좀생이' 리더가 될 가능성도 높아진다.

심리학자 캐시 애론슨은 실험을 통해 사람들은 완벽한 사람보다 약간 빈틈 있는 사람을 더 좋아한다는 사실을 밝혀냈다. 이것을 '실수 효과Pratfall Effect'라고 부른다. 실수나 허점이 오히려 인간적인 매력을 증진시킨다는 것이다. 리더 스스로 '그건 내 잘못이었습니다'라고 말할 수 있을 때 소통의 공간이 열린다.

"리더의 첫 번째 책임은 현실을 명확히 정의하는 것이다"

032 맥스 드프리

《리더십은 예술이다 Leadership is an Art》의 저자 맥스 드프리Max De Pree는 미국 유명 가구업체의 최고경영자를 역임한 리더십 전문가다. 체형 교정용 고가 의자로 우리나라에도 잘 알려진 하면 밀러 사의 경영자였던 그는 "리더십은 느끼고 경험하고 창조하는 예술"이라는 신념으로 기업을 운영했다.

그가 리더십에 관해 남긴 말 중에 "리더의 첫 번째 책임은 현실을 명확히 정의하는 것이다"라는 명언이 있다. 간혹 조직을 운영하다 보면 예기치 않은 문제로 어려움에 봉착하곤 한다. 그런데 종종 문제 그 자체보다 문제를 대면하는 방식이 건강하지 못해 상황이 악화되는 경우를 본다. 큰 조직의 문제는 간단한 하나의 원인에 기인하지 않는다. 여러 요소가 난맥으로 얽혀 문제를 규명하는 것부터가 문제인 경우가 많다. 이럴 때면 잦은 회의를 통해 내 탓이 아님을 증명하느라 시간을 허비하는 리더가 수두룩하다.

물론 도무지 손에 잡히지 않는 불확실성을 다뤄야 하거나 도저히 감당할 수 없을 것 같은 높은 목표를 부여받아 결과를 만들어내야 할 때, 자신의 실수로 뭔가 크게 잘못돼가는 상황을 바로잡아야 할 때도 있다. 이런 상황이라면 무언가 잘못돼가고 있다는 총체적 느낌에 사로잡혀 현실을 외면할 수도 있다. 현실이 내포하고 있는 불편한 진실을 인정해야 해결의 단계로 넘어갈 수 있는데 말이다.

참된 리더라면 함께 풀어야 할 문제의 본질과 범위를 명확히 정의해서 구성원들이 막연한 두려움에 빠지거나 비본질적인 엉뚱한 문제를 해결하느라 아까운 에너지를 낭비하지 않도록 예방하고 관리해줘야 한다. 문제가 무엇이든 도전해볼 만한 문제로 재정의를 내려주는 것이 리더가 감당해야 할 의사결정 영역이다.

"솔직 담백함에도 센스가 필요하다"

033　　　　　　　　　　　　　　　　　　　　　스티븐 코비

리더의 도덕적 정직함은 분명 훌륭한 덕목이다. 하지만 정직이란 가치에 기대어 솔직하고 공격적인 자기표현을 행사하는 것은 논란의 여지가 있다. 강한 추진력과 높은 성과달성으로 좋은 평가를 받는 리더 중에는 말, 즉 의사표현 방식 때문에 도전을 받는 사람들이 많다. 이들은 스스로가 뒤끝이 없는 솔직함을 가진 것이 강점이라고 생각하지만, 상대방은 그들의 강한 표현 때문에 감정의 찌꺼기를 안고 가곤 한다.

　솔직한 성격의 리더는 다른 사람의 잘못이나 실수를 눈감아

주는 것을 죄악시한다. 과오를 정확하게 알려주는 게 그 사람이 성장하고 발전하는 데 도움이 된다고 생각한다. 틀림없이 좋은 의도다. 하지만 문제는 듣는 사람들이 말하는 사람의 의도를 알아채기에 앞서 그의 말을 감정적으로 받아들인다는 것이다.

스티븐 M. R. 코비Stephen R. Covey의 "솔직 담백함에도 센스가 필요하다"는 조언은 귀담아들을 만하다. 글로벌 리더십 전문 기업인 코비링크월드와이드 경영자인 그는 개인과 조직의 신뢰 수준을 향상시키는 것이 리더십의 핵심이라고 보고 있다. 서로 신뢰하고 있다면 솔직한 피드백을 충언이나 조언으로 받아들이지만 신뢰가 없다면 비난이나 공격으로 오해하기 쉽다는 것이다.

특히 조직의 상사가 아래 직원에게 솔직한 피드백을 전달할 때는 상대방이 수용할 수 있는 방식으로 표현해주는 친절함이 필요하다. 자신의 분풀이가 목적인지 상대방의 성장을 돕는 게 목적인지 솔직한 전달이 목적인지를 분명히 하고 대화를 시작해야 한다. 솔직함의 수혜자가 자신이 아니라 상대방이 되도록 배려한다면 진정한 개방형 리더로 인정받을 수 있을 것이다.

"우리가 고용한 것은
종업원이 아니라 사람이다"

034　　　　　　　　　　　　　　　　　　　　　　아니타 로딕

바디샵의 창업자 아니타 로딕^{Dame Anita Roddick}은 오랜 세월 기억할 만한 독보적 행보를 기록한 여성 리더다. 위대한 리더 중에서도 보기 힘든 자수성가형 리더임에도 이윤추구에만 몰두하지 않고 마치 비영리단체를 운영하는 것처럼 사회의 안녕과 인류의 행복을 함께 추구한 인물이기 때문이다. 그렇다고 해서 그녀가 거창한 사회운동으로 매스컴의 주목을 받는 일에만 관심을 가진 것은 아니다. 그녀는 자신이 있는 곳 어디서나 공동선을 위해 진정성을 갖고 실천하는 노력을 보여주었다.

"우리가 고용한 것은 종업원이 아니라 사람이다"라는 이 한마디는 그녀가 회사 직원을 바라보는 시각을 함축적으로 보여준다. 직원을 회사의 목적 달성을 위한 도구로 보지 않고 각 개인의 존재감을 존중해준 것이다.

그녀는 자신의 회사가 커뮤니케이션 부서를 가진 화장품 회사가 아니라, 화장품 부서를 가진 커뮤니케이션 회사가 되기를 소원했다. 원활한 소통을 위해 화장실마다 낙서판을 마련하고 누구든 하고픈 말을 참지 않고 할 수 있도록 했다. 낙서된 내용은 정기적으로 경영진에게 보고돼 조직관리를 위한 참고로 삼았다. 실적 집계용이 아니라 직원의 입장에서 가장 편안하게 의견을 제시할 방법을 모색한 것이다. 바디샵의 장기 근속자들은 '여기서는 모든 사람이 모든 일에 다 참여한다. 여기보다 더 가족적인 분위기의 회사는 없을 것'이라고 장담한다.

최고경영자의 이미지와 회사의 문화가 대외적으로 멋지게 홍보되는 것은 매우 중요하다. 하지만 더욱 중요한 것은 대외적으로 알려져 있는 내용 그대로 내부 구성원들이 체감할 수 있어야 한다는 점이다. 회사에 대한 충성심이나 정서적 애착은 기획된 광고 홍보 효과 때문이 아니라 교감을 통해 얻은 진정성에서 비롯되기 때문이다.

"좋은 조직문화는 리더가 아니라 직원에게서 뿜어나와야 한다"

035 토니 쉐

"리더는 강제로 직원을 행복하게 만들 수 없다." 도발적인 이 발언의 주인공은 재포스Zappos의 최고경영자 토니 쉐Tony Hsieh다. 인터넷 쇼핑업체로서 매년 100% 성장이라는 경이적인 기록을 가진 재포스는 현재 미국에서 온라인 신발 판매 1위에 올라 있다.

무엇보다 이 회사의 성장전략이 흥미롭다. 이들은 고객을 감동시켜서 평생 함께 가는 관계로 만드는 '고객 행복추구 전략'을 실행하고 있다.

토니 쉐 사장은 이 전략을 추구하기 위해 지극히 평범한 이치를 실천하고 있다. 첫째, 고객감동 서비스를 가능하게 하려면 먼저 직원이 행복해야 한다는 것이다. 둘째, 최대한 자연스럽게 그 행복감이 배어 나와야 한다는 것이다. 그의 경영철학은 화려한 사내 복지프로그램으로 구현돼 많은 직원들에게 즐거움을 선사하고 있다. 하지만 직원들이 그 어떤 복지프로그램보다도 환호하는 것은 자유분방한 기업문화다.

이곳에서는 매뉴얼로 훈련된 기계적인 친절은 없다. 고객이 원한다면 두 시간의 수다도 허용하는 곳이다. 효율을 따지기보다 고객에게 실질적인 행복감을 제공하는 것이 성과에 더 도움이 된다는 사실을 실적으로 증명해내고 있다.

토니 쉐 사장은 기업의 문화란 경영자가 결정한다고 이룩되는 것이 아니라 직원들에게서 자연스럽게 뿜어져 나와야 된다고 생각했다. 그래서 무엇보다 먼저 직원을 감동시키고 행복하게 만드는 데 집중했다.

고객에게 제공하고자 하는 가치와 직원이 경험하는 가치를 일치시키는 것은 매우 중요하다. 고객에게 모험과 재미를 파는 기업이라면 먼저 그 조직구성원들이 그 맛을 알아야 하고, 전문적 지식을 제공하는 기업이라면 직원들의 지속적인 전문성 개발을 도울 수 있어야 한다는 평범한 진리가 새삼스러울 뿐이다.

"자신의 아이디어를 팔 수 없다면 창의성은 쓸모없다"

데이비드 오길비

데이비드 오길비 David MacKenzie Ogilvy는 현대 광고의 아버지라고 일컬어지는 광고계의 전설 같은 인물이다. 그는 광고대행사 오길비 앤드매더사를 운영해왔기 때문에 광고로 소비자를 설득하기 전에 먼저 광고주를 설득해야 했던 업의 특성을 잘 꿰뚫고 있었다. 그는 여기에 자신의 경험을 빗대어 "광고는 과학이 아니라 설득이다. 팔리지 않는 아이디어는 무의미하다"고 일갈했다.

창의적인 아이디어를 강점으로 가진 사람들은 이 말의 의미를 곱씹어볼 필요가 있다. 창의적인 인물로 손꼽히는 이들 가운

데는 주변과 조화로운 관계를 유지하지 못하고 괴팍한 자기중심적 인물로 치부돼 배척되는 경우가 있다. 그들의 아이디어 또한 고독하게 사장돼버리기도 한다. 왜 이처럼 괜찮은 아이디어에 동의하지 않는지 답답해 할 수 있지만 반대로 왜 자신의 아이디어는 당연히 이해 받아야만 된다고 생각하는지에 대해서도 성찰해봐야 한다.

협조자를 구하기 위해서는 자신의 아이디어에만 도취되지 말고 동료나 상사를 설득시킬 수 있는 능력도 연마해야 한다. 창의적인 사람들은 자신의 아이디어를 현존하는 사고방식과 양립하게 만들 수 있기에 존재 가치가 있다. 상대방에 익숙한 방식으로 자신의 아이디어를 전달할 수 없다면 괴짜로 치부되는 데서 끝나버릴 수 있다.

발명의 역사 속에는 훌륭한 아이디어였음에도 동시대 사람을 설득하는 데 실패함으로써 사장된 수많은 아이디어가 존재했을 것이다. 아이디어가 제아무리 훌륭해도 현실화시키지 못한다면 개인의 공상에서 끝나버리고 만다. 그러므로 설득의 수고 또한 창의적 과업 수행의 필수 과정으로 받아들여야 한다. 자신의 논리와 정당성을 소통시킬 수 없다면 그건 개인적인 생각으로 묻혀버릴 뿐이다.

"커뮤니케이션 능력은 타고나는 게 아니라 훈련으로 습득된다"

콘돌리자 라이스

미국 국무장관이었던 콘돌리자 라이스Condoleezza Rice는 학자일까, 정치가일까, 아니면 경영자일까? 그녀는 20대의 젊은 나이에 스탠포드 대학의 교수가 됐으며 부시 행정부에서 국무장관으로서 세계 권력의 중심부에서 탁월한 조정자로 이름을 날렸다. 이후엔 여러 기업의 이사로 영향력을 행사하면서 여성 리더의 훌륭한 롤 모델 역할을 하고 있다.

이렇게 화려한 경력을 가진 사람들을 보면 자신이 기회를 찾아 헤맸다기보다 매번 주변에서 함께 일해 달라고 요청하는 경우가 많다. 물론 그녀도 유년 시절에는 흑인이라는 비주류사회에서 벗어나기 위해 다양한 준비를 했고 능력을 개발하는 데 힘을 쏟았다. 그렇지만 그렇게 자신을 정비해두자 정작 사회에 진출할 때에는 사람들이 그녀를 원하는 상황으로 바뀌었다. 그런 면에서 라이스는 자기경영의 훌륭한 롤 모델이 된다.

사람들은 라이스와 대화하다 보면 그녀의 유능함에 반하고, 설득력에 매료되어 함께 일하고 싶어진다고 말한다. 라이스 스스로도 자신의 성공에는 커뮤니케이션 역량이 한몫을 했음을 인정한다. 그녀는 어린 시절부터 자신의 의사를 분명하게 표현하도록 가정교육을 받았다고 한다. 어린 시절 자신이 훈련받은 과정을 회고하면서 커뮤니케이션 능력이란 타고나는 것이 아니라 자신처럼 부단한 노력으로 만들어지는 것이라고 강조한다. 그는 지난 가을 한국의 여성 리더들을 위한 연설에서도 리더로 성공하고 싶다면 먼저 커뮤니케이션 능력을 키우라고 말했다.

여성 리더 중에는 남성 중심 사회에서 싸워 이기겠다는 생각으로 지나치게 경쟁적이고 자기주장을 굽히지 않으며 다른 사람을 통제하려는 경향을 보이는 사람이 있다. 그런데 목소리가 높아지고 말이 많아지고 있다면 이미 설득력을 잃었다고 볼 수 있다.

리더의 커뮤니케이션은 주장보다는 설득의 과정이어야 한다. 설득은 내 생각의 주입이 아니라 이해를 시키는 과정이다. 설득하고자 하는 이슈에 초점을 맞추고 상대방의 고정관념과 우려하는 점이 무엇인지 상대방의 입장에서 공감대를 형성한 후에 자신의 의견을 제안하는 방식을 권한다.

# "종업원이 먼저고
고객은 그 다음이다"

프레드릭 스미스

일류 기업은 고객만족을 최우선하고 초일류기업은 직원의 만족을 최우선한다는 말이 있다. 행복한 직원이 조직의 성과에 더 크게 기여한다는 증거가 즐비하기 때문이다. 글로벌 특송회사 페덱스는 직원이 만족해야 고객서비스가 좋아지고, 고객만족은 곧 수익 창출로 연결된다는 경영철학을 가진 곳이다. 이 회사의 창업자 프레드릭 스미스 Frederick Smith는 고객보다 직원이 먼저라는 직원 제일주의를 주장한다.

페덱스는 택배회사의 주요 구성원인 현장 배송직원이 존중

받는 문화가 잘 조성돼 있다. 현장 직원들에게 당신이 얼마나 중요한 존재인지 기억해달라고 강조하면서도 정작 관리자는 현장 경험이 전무한 출신으로 구성하는 회사들과 달리 페덱스는 관리자의 90% 이상이 현장 직원 출신이다.

현재 사장인 마이클 더커도 고졸의 현장 직원 출신이다. 대부분의 회사가 직원을 만족시키기 위한 방안으로 복리후생 프로그램에 집중한다. 그런데 스미스 회장은 인사제도의 측면까지 직원만족을 고려한 경영자다. 그는 직원이 어떤 배경을 갖고 있는가와 어떤 경력을 갖추었는지에 제한을 두지 않고 공평하게 성장의 기회를 열어주었다. 또 열심히 하는 직원에게는 자기개발을 위한 교육지원도 아끼지 않았다.

현재 사장인 마이클 더커도 회사의 지원을 받아 대학원까지 마치고 전문 경영인이 됐다. 허울 좋은 구호가 아니라 실질적인 경력 개발의 기회를 얻도록 도와주니 직원 만족도가 높아질 수밖에 없다.

경영자 중에는 교육비 투자를 결정할 때 투자수익율(ROI)을 먼저 고민하는 사람이 있다. 교육 투자를 해도 단기적 성과에는 별 도움을 주지 못할 뿐 아니라 기껏 교육을 시켜 놓으면 더 좋은 기회를 찾아 떠나버리기 때문에 교육에 투자하는 것이 아깝다고 말하는 이들도 많다.

그렇다면 비용 효율을 위해 아무런 교육 투자를 하지 않았을 때의 수익율을 먼저 계산해보길 권한다. 아울러 아무런 교육 훈련도 받지 않은 직원이 끝까지 조직에 남아 있는 모습 또한 상상해보길 바란다. 이러한 과정은 당신의 결정에 큰 도움을 줄 것이다.

"솔직하게
말할 용기가 없다면
좋은 관리자가 아니다"

039 류촨즈

중국 최대 민영기업인 레노버를 창업한 류촨즈 회장은 중국을 대표하는 기업인 중 한 명이다. 그는 나이 마흔 즈음에 기술적 배경이나 이렇다 할 정부의 지원 없이 단돈 20만 위안으로 조그만 컴퓨터 회사를 창업했다. 그리고 20년 만에 거대기업인 미국 IBM의 PC사업 부문을 인수했다.

레노버를 어엿한 중국 대표 기업으로 키워낸 류촨즈 회장은 혼을 담은 경영, 목표경영을 추구하면서 인재경영 역시 중요하게 생각했다. 오늘날 레노버가 다양한 영역에서 새로운 일을 전

개할 수 있는 것은 젊은 인재들을 잘 활용했기 때문이다. 류촨즈 회장은 자신이 가진 전략적 판단력과 빠른 의사결정을 강점으로 잘 활용하면서 다소 부족하다고 생각하는 미래 기술에 대한 통찰은 젊은 인재들을 통해 메우고 있다.

그는 핵심 인재의 가치와 소중함을 잘 알고 있기 때문에 창업 당시부터 인재관리를 철저히 하고 있다. 특히 직원이 제대로 못한다는 판단이 들 때는 이를 솔직하게 말하고 개선하도록 만드는 것이 관리자의 할 일이라고 봤다. 그는 직접적으로 말할 용기가 없거나 불필요한 갈등을 일으키고 싶지 않다는 이유로 제대로 된 피드백을 해주지 않는 관리자는 좋은 관리자가 아니라고 생각했다.

중소기업 경영자 중에는 창업 당시에는 큰 힘이 됐지만 회사의 성장에 걸맞게 변화하지 않아 회사에 부담이 되어버린 창업 공신들로 골머리를 앓는 사람들이 있다. 서로를 너무 잘 알고 있어서 이심전심으로 뜻이 전달되길 바라지만 의외로 이런 이들에게는 경영자의 기대가 잘 전달되지 않는다.

이럴 때일수록 간접적으로 점잖게 전하는 메시지는 전달력이 다소 떨어질 수 있음을 기억해야 한다. 직무 성과가 좋지 않거나 회사의 가치나 철학에 위배되는 행동을 하는 사람이 있으면 사적으로든 공적으로든 반드시 얘기해줘야 한다.

쉬쉬하면서 덮어두어 뒷말이 돌게 하지 말고, 당사자에게 분명하게 이야기할 필요가 있다. 창업 초기부터 함께 일해 온 동료에게 그의 문제점을 이야기하기란 쉽지 않은 일일 것이다. 하지만 조직이 오랫동안 견고하게 성장하기를 바라는 조직관리의 책임자라면 이 일이 기꺼이 감수해야 할 책무라는 것을 기억하라.

"90%가 찬성하는 아이디어는 이미 쓸모가 없다"

지금 이 순간에도 각 기업에서는 각종 회의가 진행 중일 것이다. 잦은 회의가 업무 몰입에 방해가 된다고 투덜거리면서도 회의장에 앉아 있는 이유는 무엇일까? 회의를 통해 다양한 의견 수렴을 하고 싶은 걸까, 아니면 혹시라도 일이 잘못됐을 때 연대 책임을 질 사람을 확인하고 싶은 걸까?

피터 드러커는 끊임없이 회의를 하고 있다면 제대로 책임질 사람이 없다는 반증이라고 일갈한 적이 있다. 모름지기 기업가가 일반 직원과 다른 점은 기꺼이 홀로 책임지려는 위험 감수

태도일 것이다.

독단적이라는 평가를 받을 정도로 자신의 직관에 의존하여 결정을 내리는 경영자 중에 알리바바 그룹의 마윈馬云 회장이 있다. 그는 자신이 아이디어를 냈을 때 주변에 반대자가 많으면 흐뭇하게 생각하고, 90% 이상이 찬성하는 경우에는 오히려 그 아이디어를 폐기해버린다. 누구나 쉽게 동의하는 아이디어는 이미 쓸모가 없다고 보기 때문이다.

사업경험이 전무한 영어 강사 출신이었던 그는 단돈 2,000달러를 들고 불모지와 다름없는 IT분야에서 사업을 시작했다. 당시에는 아무도 그의 성공을 예견하지 않았다. 처음에는 제대로 준비도 안 된 엉성한 플랫폼으로 사업을 시작했지만 그의 뛰어난 직관이 적중했던 덕분에 후발주자였던 알리바바닷컴을 세계적 IT기업으로 만들어낼 수 있었다.

아무리 최고경영자라 할지라도 모두의 반대를 무릅쓰고 일을 추진하기란 쉽지 않다. 마윈 회장은 자신의 설득이 잘 먹히지 않으면 내기를 해서라도 협의에 동참시킨다. 발의는 자신의 직관에 따라 할지라도 동참을 이끌어내기 위해 자유로운 의견 개진을 권장한다. 이런 문화 때문에 알리바바에서는 회의할 때 툭하면 언성이 높아지곤 한다.

어차피 새로운 기회란 모두가 이해하기 쉬운 낯익은 영역보다는 몰이해의 낯선 영역에 더 많이 포진해있을 것이다. 몰이해의 영역에서 개척자가 되기로 했다면 홀로 책임지는 고독을 친구로 삼아야 할 것이다. 스스로 최종 결정을 내려야 할 때의 불안에 대한 방어책으로 소집하는 회의는 이제 그만두자.

홀로 결단해야 할 일에 다른 사람을 동참시키지 말아야 할 것이며 공동의 목표의식을 심어야 할 때는 독단적으로 행동하지 말아야 한다. 모름지기 경영자나 리더라면 자신의 역할에 맞는 행동을 선택하는 역량이 필요하다. 물어야 할 때 지시 내리고 지시 내려야 할 때 질문하는 엉뚱한 일을 하고 있지 않은지 스스로 성찰해봐야 한다.

"리더십은
지위가 아니라
경험에서 나온다"

블레이크 노드스트롬

미국의 노드스트롬 백화점은 최고의 고객서비스로 명성이 높은 곳이다. 다른 업종에서 새로운 서비스를 광고할 때 '○○계의 노드스트롬'이라고 선전할 정도로 고객감동 서비스의 표본으로 여겨진다. 이유를 불문하고 고객이 요구하면 무조건 환불해주는 100% 환불 정책이 이곳의 대표적인 서비스 사례다.

그런데 이 대단한 결정은 고위관리자가 아니라 매장 직원의 판단에 따라 이뤄진다. 이 회사가 직원들에게 강조하고 교육하는 유일한 규칙은 어떤 상황에서든 자신의 판단을 믿고 행동하라는 것이다. 혹시 책임을 떠안게 될까, 규정 위반은 아닐까 하는 걱정 때문에 우물쭈물 하지 말고 눈앞의 고객에만 집중하라는 것이다.

최고경영자 블레이크 노드스트롬Blake Nordstrom은 직원들에게 "종업원처럼 굴지 말라"고 강조한다. 직원들을 온전히 믿기 때문에 권한을 주는 것이니 스스로의 판단을 믿고 그에 따라 자신 있게 행동하라는 것이다.

권한위임을 할 때 리더의 신뢰 정도에 따라 위임 받은 사람의 책임감은 달라진다. 믿음이 부족하면 결과가 나올 때까지 기다리지 못하고 중간에 개입하여 위임의 약속을 스스로 파기하는 실수를 하게 된다.

그렇다면 관리와 통제권을 내려놓은 경영자가 할 일은 무엇일까? 블레이크는 리더십이란 지위가 아니라 경험에서 나오는 것이라고 생각했다. 자신이 할 일은 높은 자리에 앉아 보고나 받는 것이 아니라 자신의 소중한 고객과 직원들을 직접 만나 교감하면서 경영철학이 체험으로 전달되도록 만드는 것이라 여겼다.

그는 보통 한 주에 3, 4일은 출장을 다닌다. 각 지역의 서비스 현장을 돌며 고객을 관찰하고 분석한다. 출장지에서는 다양한 고객과 직원의 이야기를 듣는 데 집중한다. 이런 그를 직원들은

'겸손한 블레이크'라고 부른다. 경영설명회나 월례조회에서 훈화로 강조하는 것이 아니라 현장의 소리를 겸손하게 경청하고 친절히 답변을 하는 과정에서 회사의 핵심 가치를 모범적으로 보여준 것이다.

리더들 각자가 선호하는 리더십 스타일은 각기 다를 수 있으나 리더십에서 중요한 것은 자신이 강조하는 가치대로 행동하는 모습을 보여주는 것이다. 직원들에게 멋진 교훈이 담긴 필독서를 선물해주는 경영자가 그 책에서 제시하는 가치와 정반대의 행동을 하고 있다면 리더십은 급격히 퇴색돼버린다.

"직원들을 무조건 신뢰하겠다"

042   브래드 앤더슨

세계 최대 가전 소매업체인 베스트바이의 경영자였던 브래드 앤더슨Brad Anderson은 상식파괴자 중의 한 명이다. 소매업체면서도 제품의 다양성에 초점을 두기보다는 소비자가 알고 싶은 제품 정보와 지식을 전달하는 데 주력해 고객 유치에 성공한 경영자다.

경쟁사보다 적은 비용으로 고객에게 더 큰 가치를 제공할 수 있었던 배경은 직원들의 적극성과 열성 덕분이다. 그는 직원들을 일일이 통제하려고 하기보다는 자율적 관리가 되도록 근무

환경을 조성했다.

그는 직원들을 무조건 신뢰하겠다고 선언한 후 출근 시간을 완전 자유화했다. 일간, 주간, 월간 회의도 없애고 공간의 제약 없이 아무 곳에서나 일하도록 허용했다. 모든 것을 직원의 양심에 맡기고 철저하게 성과 위주로 평가한 결과 업무 만족도와 효율성이 동시에 향상됐다.

기업 경영자나 리더들은 쉽게 직원들을 신뢰한다고 말한다. 그러나 사실 그들은 믿지 못하는 자신의 불안을 다잡기 위해 믿는다고 주문을 외는 것인지 모르겠다. 10대 청소년들이 부모로부터 듣는 말 중에 가장 믿지 못하는 말이 바로 "난 널 믿어"라는 말이라고 한다. 진정으로 믿는다면 그의 의견을 최우선으로 해야 하는데, 물어보지 않고 일방적으로 지시한다. 믿음을 선언하지 말고 실천해보면 어떨까?

최근 스마트워크가 하나의 트렌드처럼 자리했다. 기술적으로는 스마트워크 환경을 구축할 수 있는 수준에 이미 도달해 있다고 한다. 그런데 스마트워크 환경에서 사람 관리를 책임진 리더는 하드워크 방식으로 사람을 관리할 가능성이 크니 그에 따른 충돌과 에너지 소모가 걱정이다. 브래드 앤더슨은 모든 위대한 사업은 믿음에서 시작된다고 했다. 과연 믿음을 어떻게 증명해보일지 고민을 해봐야 할 일이다.

"나는
나의 팀과 일한다"

칼 요한 페르손

매년 연말은 인사ᴬ事의 계절이다. 12월이 되면 기업 임원의 승진과 이동 소식이 뉴스화된다. 당사자뿐만 아니라 일선 직원까지 환호와 탄식이 교차하는 시절이다.

    어느 기업의 임원 인사 발표가 나자 여기저기서 탄식이 흘러나왔다. 당연히 이동하게 될 것이라고 기대했던 사업부장이 유임되었다는 소식에 절망한 것이다. 인사란 예측이 가능해야 하는데 인사 발표를 보고 역으로 결정의 배경을 유추해서 이해해야 하는 상황이 되어버린 것이다.

기업의 핵심가치가 정해져 있고 성과 평가 기준이 정립돼 있는 회사라면 누구라도 인사 평가 결과를 예상하면서 자기관리를 할 수 있어야 한다. '결정의 기준이 무엇이었을까'라는 의구심이 생기는 결과가 자꾸 반복된다면 경력개발의 방향을 세우기가 어렵다. 그때그때 다른 기준이 적용된다면 눈치를 보면서 자신의 인생을 설계해야 하고 꾸준한 사람보다 기회를 잘 포착하는 사람이 능력이 있는 것처럼 오도될 수 있기 때문이다.

패스트패션의 대표주자 H&M은 평등의 문화 위에서 공정한 경쟁을 통해 인재를 발탁한다. 정규직이든 비정규직이든 상사에게 자신의 노력과 실력을 자랑하고 보여주어 좋은 평가를 관리할 수 있도록 한다. 누구에게나 기회가 열려 있다는 믿음은 직무 몰입도에 좋은 영향을 미친다.

H&M의 관리자들은 언제라도 자신을 대신할 2~3명의 후계자를 육성해야 할 의무를 갖고 있다. 관리자는 그 다음 자리로 이동하기 위해서라도 후계자를 육성해야 한다. 또한 관리자는 혼자 튀는 것이 아니라 팀과 함께 성과를 만들어내야 한다. 한 개인의 유능함에만 의존하는 것보다 조직 전체의 유기적인 협력의 힘이 더 강하다는 것을 믿기 때문이다.

이 회사의 최고경영자인 칼 요한 페르손 Karl Johan Persson 회장도 자신이 팀의 일원이라는 시각을 분명히 가지고 있다. 권력 없이는 살아갈 수 없는 사람에게 권한이 집중되도록 하면 안 된다. 권력 욕심이 있는 관리자는 팀의 성과도 자신의 것으로, 아랫사람의 성과도 자신의 것으로 통합하고자 한다.

    자신의 승리를 위해 팀을 활용하는 것이 아니라 팀을 성장시키고 팀의 승리를 관리한 사람에게 좋은 평가와 승진의 기회를 제공하는 것이 올바른 팀제의 운영 노하우다. 상사를 위해서 일하게 하지 말고 상사와 함께 일하면서 자신의 경력을 스스로 관리할 수 있도록 해야 한다.

"최소한
두 번의 기회는 줘라"

044 조지 짐머

인재가 기업의 미래이고 경쟁력이라는 데에는 어느 누구도 이견이 없을 것이다. 세계적 기업으로 명성을 얻은 곳일수록 사람 중심의 경영철학이 견고하게 서 있다.

세계적 기업 수준까지는 아니지만 맨스웨어하우스 설립자인 조지 짐머^{George Zimmer} 회장의 경영방침도 흥미롭다. 그는 '우리 비즈니스는 사람들이 가진 가능성의 가치를 믿는 데 기반을 두고 있다'고 강조한다. 종업원 지주제도 도입, 내부 승진 우선 원칙, 교육 예산의 무제한 지원 등 제도적 환경을 마련하는 것은 물론이고 심지어 매장 물건을 훔친 직원도 해고하지 않고 다른 매장에 배치해 개선의 기회를 주는 경영방식은 그저 놀라울 따름이다. 이 모든 것은 사람에 대한 기본적인 믿음에서 시작한다. 잘못을 저지른 사람도 그 잘못을 수정할 힘이 있다는 믿음이 신선하다.

인간존중을 개념이나 슬로건으로 강조하기는 쉽다. 하지만 그만한 조건이 되므로 존중하는 것이 아니라 사람이란 존재의 본질을 인정하는 것이 더욱 중요하다. 인간이 가진 성장욕구, 공정함에 대한 선망 등 보편적 가치에 기반해 경영하는 것이 제대로 된 인간존중이다. 기업 이미지나 평가를 위해 학력이나 경력을 중시하는 경우가 흔하지만 업무수행에 필요한 조건보다 필요 이상으로 높은 학력과 경력자를 뽑아 조직 부적응자를 양산하는 것은 인간존중에 배치된다.

짐머 회장은 소매업체라는 특성을 고려해 우수한 인재보다 평범하지만 기업 문화에 적합한 인재를 채용하고자 했다. 기업 이미지보다 직원들의 자기 이미지를 더 중요하게 본 것이다. 조직에 속한 사람이라면 누구나 자신이 조직에 적합한 사람이라는 평가를 받고 싶어 한다.

믿을 수 있어서 믿는 것은 리더의 할 일이 아니다. 믿음의 가치를 아는 리더는 눈에 보이는 것을 믿는 것이 아니라 지금보다 더 나아질 가능성을 믿어서 '더 이상은 어쩔 도리가 없다'는 사람조차 독려하고 격려해 스스로의 한계를 뛰어넘도록 만든다. 참된 믿음은 사실^Fact과 사실 사이, 결과와 결과 사이의 공간^Space을 볼 줄 알아야 생겨난다.

The words that great CEOs left us **선택의 순간에 가장 지혜로운 결정을 내린 리더들의 한 마디**

결/정/하/라 3

"상사는 목표의 방향을 정렬하는 사람이다"

045 잭 웰치

1981년, GE의 최연소 최고경영자가 된 잭 웰치Jack Welch는 이후 5년 연속 '성공적인 경영인상'을 받았다. 이를 기념하기 위한 수상 인터뷰에서 한 기자가 "어떻게 이런 놀라운 성과를 내게 되었습니까?"라고 물었다. 그러자 잭 웰치는 "내가 가고자 하는 방향과 우리 직원들이 가는 방향이 같기 때문입니다"라고 답했다.

조직의 방향과 목표 설정은 경영자의 당연하고도 중요한 역할 중 하나다. 하지만 그보다 더 중요한 것이 있다. 그것은 바로 조직의 상위 목표와 하위 목표, 즉 경영진의 목표와 구성원 개인의 목표를 어떻게 연결시키고 정렬시키느냐다.

잭 웰치는 GE의 CEO로 일할 때 회사에서 마주치는 직원을 무작위로 멈춰 세우고 3가지 질문을 던졌다고 한다. 그는 직원이 우물쭈물 거리며 대답을 못하면 호되게 야단을 쳤다. 그가 던진 3가지 질문은 다음과 같다. 첫째, 당신의 목표는 무엇인가?, 둘째, 지금 그 목표는 어떻게 진행되고 있는가?, 셋째, 그렇다면 내가 뭘 도와주면 되나?

웰치가 이렇게 '깜짝 질문'을 한 이유는 직원들 누구에게나 업의 진정성이 내재되어 있으며 본인의 의지를 담은 목표를 가져야 한다고 믿었기 때문이다. 그는 훌륭한 목표가 개개인의 마음속에 새겨져 있으면 그 목표가 매일매일 업무의 기준이 될 수밖에 없다고 생각했다.

밖에서 보면 통일된 의사를 가진 듯하지만 막상 내부를 들여다보면 여러 가지 입장과 이해관계가 얽혀 난맥을 형성하고 있는 기업이 많다. 기업이 오늘날과 같은 난세에서 살아남으려면 조직구성원 모두가 목표에 대한 강한 공감대를 갖고 있어야 한다. 위대한 리더는 원활한 커뮤니케이션을 통해 구성원 간에 공감대를 형성하고 일관성 있는 목표를 설정해나가는 사람이다.

"이길 수 없는 싸움은
하지 않는다"

046 손정의

'승부사'로 불리는 소프트뱅크 손정의 회장. 그에게 성공의 비결을 물으니 "나의 성공비결은 이길 수 없는 싸움을 하지 않는 것"이라고 간단히 대답한다. 그는 사업은 투기가 아니기 때문에 70%의 승산이 있을 때에야 본격적인 싸움에 돌입한다고 한다.

그는 왜 90%, 혹은 100%의 보다 확실한 승산이 아닌, 70% 승산이 있을 때를 투자 적기로 본 것일까? 그의 대답에 의하면 90%의 승산이 있는 사업이라면 너도나도 다 그 사업에 뛰어들기 때문에 투자하기에 부적합하다고 한다. 승률과 기회이익은 반비례한다는 게 손 회장의 의사결정 원칙이다. 그가 승률 70%를 판단의 기준으로 삼을 수 있었던 것은 남보다 앞서가려는 의지와 끊임없는 연구가 뒷받침돼 있었기 때문에 가능한 일이다.

손 회장이 지닌 리더십의 핵심은 미래에 대한 통찰력과 비전, 과감한 의사결정, 그리고 강력한 실행력에서 찾을 수 있다. 그의 놀라운 통찰력은 방대한 독서에서부터 비롯됐다. 한창 인터넷사업으로 승승장구하다가 만성간염으로 3년간 병원 신세를 지게 됐을 때, 그는 4,000여 권의 책을 독파하면서 사업구상에 몰두했다.

바쁜 사람들은 보통 눈앞에 닥친 일에 몰두하는 경향이 있다. 손 회장은 그런 이들에게 먼 곳에 시선을 두라고 주문한다. 1980년대에 손 회장이 뜬금없이 인터넷 잡지사를 인수했던 적이 있었다. 그러자 쓸모도 없는 잡지사를 왜 인수하는지에 대해 말들이 많았다. 손 회장은 "곧 인터넷 관련 사업이 주목을 받을 테고, 난 인터넷 사업을 위한 지도가 필요했을 뿐"이라고 답함으로써 미래를 내다보는 안목을 보여줬다.

무릇 최고경영자라면 다가올 미래에 대해 사색하면서 시대의 흐름을 꿰뚫어보는 안목을 가져야 한다. 손 회장의 경험은 독서와 깊은 사색이 세상을 보는 통찰력을 키우는 하나의 방법임을 알려주는 좋은 사례다.

"문화에 맞게 고용하라"

047 허브 켈러허

허브 켈러허Herbert D. Kelleher는 1971년 미국의 대표적 저가 항공사인 사우스웨스트를 창업했다. 창업 이래 단 한 번도 적자를 기록하지 않은 회사, 사우스웨스트. 허브 켈러허는 사우스웨스트가 이와 같이 눈부신 성공을 거둔 비결에 대해 "사우스웨스트의 가장 큰 자산은 기업 문화와 사람"이라고 설명하곤 했다.

사우스웨스트의 직원들은 회사에 대해 믿을 수 없을 만큼 깊은 충성심을 갖고 있다. 2000년 초 유가 급등으로 회사 수익에 경고등이 켜지자 직원들은 비용 절감을 위한 갖가지 아이디어를 내 6주 동안 200만 달러 이상을 절감했다.

'즐거움을 주는 일터'라는 기업 문화와 직원들의 충성심은 "조직문화에 맞는 사람을 고용해야 한다"는 켈러허의 철학에서 나왔다. 그는 조종사 채용 응시자에게 양복 대신 회사 티셔츠와 반바지를 입게 한 후 그 복장을 좋아하면 채용하고, 그렇지 않으면 탈락시켰다. 조종 기술도 중요하지만 우리 문화에 적응하는 게 더 중요하다는 이유에서다.

사우스웨스트는 미국 대학생들이 가장 들어가고 싶어 하는 회사 중 하나다. 매년 9만 명 정도가 지원하지만 이중 평균 4% 정도만 고용된다. 사우스웨스트는 켈러허의 소신대로 학력이나 능력보다 유머 감각과 열정, 친화력을 갖춘 사람을 우선 채용한다.

많은 기업들이 실력이나 성적순으로 직원을 선발했다 낭패를 본다. 실력은 있지만 인간성이 나쁜 직원이 조직에 엄청난 악영향을 주기도 하고, 적성이 맞지 않는다며 직장을 떠나는 신입사원이 다수 나오기도 한다. 켈러허는 채용 단계에서부터 조직의 가치에 맞는 사람을 잘 선택해야 성공적 조직 운영이 가능하다는 것을 경험적으로 이해하고 실천했다.

"가장 나쁜 것은
아무 결정도 하지 않는 것이다"

048　　　　　　　　　　　　　　　　　　　　　로저 엔리코

펩시가 코카콜라와 정면승부를 벌인 적이 있었다. 일명 '펩시 챌린지'라는 캠페인을 통해서였다. 펩시는 이벤트에 참여한 사람들의 눈을 가리고 펩시와 코카콜라를 시음하게 했다. 대부분의 사람들은 두 가지 콜라의 맛을 구분하지 못했다. 만년 2위였던 펩시는 이 사실을 대대적으로 홍보했다. 그러나 '눈을 뜬' 소비자들은 펩시 대신 코카콜라를 선택했다. 코카콜라의 브랜드 파워는 그만큼 강력했다.

　펩시는 코카콜라와의 무리한 정면 승부로 위기에 처했다. 이

때 구원자로 선택된 인물이 바로 로저 엔리코Roger A. Enrico 최고경영자였다. 그는 회사를 구하기 위해 탄산음료 시장에서의 무리한 경쟁과 사업 확장을 버리고 사업 다각화를 시도했다. 웰빙 붐을 예측해 건강음료 사업으로 진출했고, 콜라를 판매할 수 있는 유통망을 넓히기 위해 맥도널드, 버커킹 등 패스트푸드 부문으로 판로를 확대했다. 그의 전략은 대성공을 거뒀다. 펩시는 현재 네슬레에 이어 세계 2위의 글로벌 식음료 기업 자리에 올라 있다.

엔리코는 탄산음료 시장에 대한 집착을 버리고 생소한 분야로 판매시장을 다각화하면서 수없이 많은 선택의 상황에 부딪혔다. 물론 그가 최종 결정을 내리기 전까지 '좀 더 기다려야 하지 않을까' '내 결정이 너무 성급한 것은 아닐까'라는 생각이 계속 그의 뇌리를 스쳐갔다.

하지만 그는 멈추지 않았고 사업 전략과 조직 구성, 기업 문화를 끊임없이 혁신해나갔다. "어떤 결정을 내려야 할 때 가장 좋은 것은 올바른 결정이고, 다음으로 좋은 것은 잘못된 결정이며, 가장 나쁜 것은 아무 결정도 하지 않는 것이다"가 그의 모토였다.

"나는 항상 무언가를 팔고 있습니다"

049   스티브 앨드리치

스티브 앨드리치Steven Aldrich는 미국의 유명 온라인 보험회사인 퀵큰 인슈어런스의 설립자이자 최고경영자였다(현재는 퀵큰을 인수한 회사의 부사장으로 재직 중이다). 그는 CEO로 재직할 때 자신을 세일즈맨이라고 부르기를 주저하지 않았다. CEO란 회사의 최고 의사결정자이며, 대변자이고 전략가이기도 하지만 이 모든 역할은 판매를 위한 수단이라고 생각했기 때문이다. 그는 "나는 항상 무언가를 팔고 있습니다. 사람들과 교제하는 매순간 회사를 광고하려고 노력합니다"라며 세일즈맨 CEO론을

설파했다. CEO는 회사의 상징이다. 언론과 만날 때나 신입사원 채용 인터뷰를 할 때, 지역사회 활동에 참여할 때도 CEO는 회사의 가치와 이미지를 팔게 된다.

언젠가 공감리더십을 주제로 한 조찬 강의에 참석한 적이 있다. 그 때 강의를 마친 어느 기업 대표가 부인과 전화통화를 하면서 대놓고 화내고 윽박지르는 모습을 봤다. 주변에 있던 사람들은 모두 눈살을 찌푸리며 그의 강연 내용은 물론 그가 몸담은 회사에 대해서도 의구심을 갖고 보게 됐다.

CEO는 항상 회사를 대표하면서 그에 걸맞게 언행이 일치하는 모습을 보여야 한다. 미래 지향적 사고를 정립하고 싶다면 본인이 경험하지 못한 세계에 대해서도 열린 마음을 가져야 한다. 디테일의 힘을 강조하려면 이메일 회신을 제때에 하는 등 일상적인 약속부터 먼저 지켜나가야 한다.

일관된 모습을 보이는 것 못지않게 중요한 것은 '있어야 할 자리에 있는 것'이다. 이 말은 회사의 이미지가 잘 팔릴 수 있는 적절한 곳을 찾아 적극적으로 긍정적인 이미지 전파에 힘쓰라는 뜻이다.

"생생하게 꿈꾸는 사람만이 성공할 수 있다"

050   콘라드 힐튼

"사람들은 내 성공의 비결을 재능과 끈질긴 노력에 있다고 생각할 것이다. 그러나 진짜 비결은 내게 주어진 현실을 다른 사람들과는 다른 방식으로 받아들이고 내가 원하는 바를 생생하게 꿈꿀 수 있는 능력에 있다."

세계적인 호텔 체인인 힐튼 호텔 창업자 콘라드 힐튼^{Conrad Nicholson Hilton}의 말이다.

'호텔 왕'이라는 화려한 별명으로 불리는 그이지만, 출발은 초라했다. 그는 노르웨이 출신의 가난한 이민자의 아들로 태어

나 거리 행상, 호텔 벨보이 등을 전전하며 성장했다. 그러나 다른 벨보이들과 달리 늘 큰 꿈을 품고 살았다. 그는 당시 자신의 방에 가장 큰 호텔의 사진을 붙여놓고 장차 그 호텔의 주인이 된 자신의 모습을 상상했다고 한다.

콘라드 힐튼이 기자 회견장에서 자신의 생각을 아무 쓸모없어 보이는 쇠막대에 빗대 비유적으로 설명한 유명한 말이 있다. "이 쇠막대로 말발굽을 만들면 10달러 50센트를 벌 수 있고, 바늘을 만들면 3,250달러를 벌 수 있으며 용수철을 만들면 250만 달러를 벌 수 있습니다."

때로는 현재 자신이 처한 현실만이 문제가 되는 것이 아니라, 그 현실에서 자신의 한계만을 바라보는 것이 더 큰 장애로 작용한다. 자신이 원하는 바를 명확히 깨닫고 생생하게 상상할 때, 그리고 그 생각이 가슴을 뜨겁게 데울 때, 처해진 환경과 주어진 자원은 모두 성공의 동력으로 작동할 것이다.

한 해를 보내고 새로운 해를 맞이할 때마다 기업은 사람을 바꾸고 조직을 개편하며 '어떤 사람을 선택해야 할까?' 하고 고민할 것이다. 하고 싶은 것도 많고 되고 싶은 꿈으로 가슴이 뜨거워진 사람을 찾으면 안성맞춤일 것이다.

"위임할 수 있는 결정을 직접 내리지 마라"

051 스티븐 샘플

스티븐 샘플Steven Sample은 19년 동안 서던캘리포니아대USC 총장으로 재직하면서 학생들에게 '괴짜 리더십'을 강의해온 인물이다. 그는 10년간 폐교 위기에 놓여 있던 서던캘리포니아대를 미국 내 최상위권 대학으로 만들어낸 비결을 창조적인 괴짜들의 리더십 덕분이라고 설명하고 있다.

그가 말하는 괴짜contrarian란 '고정관념을 깨는 사람'이다. 고정관념을 깨는 창조성을 배양하려면 우선 생각하는 시간을 확보해야 한다. 샘플은 "리더라면 자고로 70:30 법칙을 지켜야 한다.

자기 시간의 30%는 실질적인 업무에 쏟되 나머지 70%는 재충전이나 남들이 하지 않는 일들에 투자해야 한다"고 설파했다

샘플은 "위임할 수 있는 결정은 직접 내리지 말라'고 충고한다. 리더가 70%의 생각하는 시간을 확보하려면 적절한 권한위임을 할 수 있어야 한다는 뜻이다. 리더가 모든 일을 완벽하게 챙기려고 노력하다 보면 정신없이 바쁘게 되고 부하직원의 의견과 아이디어를 여유 있게 들어줄 수가 없다. 결국 직원들은 자기 생각을 키워 나가지 못하고 상사가 내려주는 결정을 기다리게 된다. 리더의 참된 책임은 부하직원의 질문에 즉각 답을 주는 것이 아니라 담당자가 스스로 답을 찾을 수 있도록 기회를 주면서 부하직원을 육성하는 것이다. 이런 방법으로 자신보다 훌륭한 사람들이 많아지면 리더는 더 많은 여유 시간을 확보할 수 있다. 이 시간을 또 다른 부하를 육성하거나 아무도 생각하지 못한 기회를 발견하기 위해 투자할 수 있는 것이다.

권한위임은 게으른 책임 회피가 아니라 직원들을 자극하고 아이디어를 촉진시키는 고급 관리 기술이다.

"우리는
은행이 아니라 소매업체다"

052 버논 힐 2세

무거운 돼지 저금통을 은행에 들고 가는 것은 소비자 입장에서 꽤나 부담스러운 일이다. 은행직원들이 동전 받기를 귀찮게 여길까 봐 눈치가 보이기 때문이다.

그러나 이 귀찮은 일을 마다하지 않고 오히려 훌륭한 마케팅 전략으로 활용한 은행도 있다. 미국 커머스뱅크는 영업점에 '페니 아케이드Penny Arcade'라는 기계를 설치해 고객들이 어린아이들의 손을 잡고 와서 즐겁게 동전을 저축할 수 있게 도와줬다. 이를 통해 커머스뱅크는 고객의 편의는 물론 은행 이미지까지 개선하는 일석이조의 성과를 거두었다.

이 은행의 창업자 버논 힐^{Vernon Hill} 2세는 "커머스뱅크의 업은 '은행업'이 아니라 '소매업'이다"라고 새롭게 정의했다. 시티은행이나 와코비아 같은 대형 경쟁자가 넘쳐나는 금융업계에서 차별화된 경쟁력을 갖기 위해서는 업 자체의 의미를 재정의해야 한다는 생각 때문이었다. 커머스뱅크는 자사의 375개 은행 영업점을 '지점'이라 하지 않고, '상점'이라고 부른다. 이들은 자사의 경쟁사를 은행이 아닌 건축자재업체인 홈 데포나 의류업체 갭과 같은 소매업체로 분류하고 고객의 내방 횟수를 늘리는 데 집중했다.

대부분의 커머스뱅크 '상점'들은 일주일에 70~80시간 문을 열고 심지어 일요일에도 5시간 정도 영업을 한다. "어떻게 일요일에 직원이 출근하도록 할 수 있는 거죠?"라는 질문에 힐 2세는 "월마트는 24시간 영업을 하고 있습니다"라고 간단히 대답했다.

치열한 경쟁에서 근본적으로 승리를 거둘 수 있는 블루오션 전략이란 업을 재정의할 때 가능해진다. 남들이 활동하지 않는 영역을 선점하거나 고객의 숨겨진 요구를 상품으로 담아낼 수 있는 창의력이야말로 블루오션으로 이동하는 좋은 방법이다.

"'모두'라고 지칭되는 사람은 누구인가"

053 케빈 켈리

사람들은 유명한 기업의 최고경영자에 대해 늘 호기심을 갖는다. "어떤 사람들이 CEO가 되는 걸까?" "CEO의 하루 일과는 어떨까?" "CEO는 어떤 스트레스를 받을까?" 등 다양한 궁금증을 보인다. 유명한 CEO는 뭔가 색다른 이야기를 갖고 있을 거라고 기대한다.

헤드헌팅 및 리더십 컨설팅 업체인 하이드릭앤스트러글스의 CEO 케빈 켈리^{Kevin Kelly}는 이런 궁금증에 대한 답을 찾기 위해 세계적으로 유명한 CEO들을 만나 인터뷰를 진행했다. 그 내용을 정리하여 발간한 책이 바로 《벌거벗은 CEO *CEO : the low-down on the top job*》다.

그는 인터뷰를 진행하는 과정에서 재미있는 현상 하나를 발견하게 된다. 조직 내 대화에서 자주 등장하는 '모두'라는 사람의 모호한 정체가 그것이다. "'모두'가 그렇게 생각하고 있습니다" 또는 "'모두'가 이렇게 말합니다"라고 할 때 '모두'가 지칭하는 이들은 과연 누구일까.

사람들은 우연히 한두 가지 사례를 접하고는 이후에도 모두 똑같은 결론으로 이어질 것처럼 생각한다. 이전에 경험했던 것과 비슷한 상황이 발생하면 냉철하게 상황을 분석하고 판단하기보다 늘 그래왔다는 듯이 결과를 쉽게 예단해버린다.

또한 사람들에게는 주목받고 인정받고 싶은 욕구와 책임지기 싫어하는 욕구가 동시에 존재한다. 즉, '모두' '아무도' '항상'과 같은 말을 사용해 핵심을 비켜가고 일반화함으로써 자신의 주장에 힘을 싣거나 책임을 분산하는 것이다.

리더라면 그런 말을 아무 의심 없이 들어서는 안 된다. 반드시 "정말로 모두 그렇게 말했습니까?", 또는 "한 번도 예외 없이 항상 그랬던 것이 사실입니까?"라고 되물어야 한다. 그리하여 막연하고 모호한 표현 속에 숨겨진 진짜 메시지를 경청할 수 있어야 한다.

"빠른 물고기가
느린 물고기를 잡아먹는다"

존 체임버스

항상 전속력으로 질주하는 '에너자이저'로 평가 받는 존 체임버스^{John Chambers}는 인터넷 장비업체 시스코를 15년간 성공적으로 이끌어온 경영자다. 그는 시스코의 세 번째 CEO지만 시스코를 상징하는 인물로 평가받는다. 한 해 매출이 22억 달러에 불과하던 회사를 400억 달러 규모로 키워낸 존 체임버스는 이러한 성장배경이 그만의 독특한 경영철학이 존재하기 때문이라고 말한다.

그는 시스코 입사 전 수년간 IBM이라는 거대 기업에서 근무했다. 그곳에서 그는 '어떻게 하면 실패하는가'라는 질문에 대한 교훈을 얻었다. 정부기관이나 연구소 같은 큰 고객만을 상대하면서 상대적으로 중소기업과 개인고객에게는 소홀했던 IBM은 결국 1980년대 개인용 컴퓨터 시대가 도래한 이후 시장의 주도권을 인텔과 델 컴퓨터에 뺏기는 수모를 겪고 말았다. 이 경험을 통해 체임버스는 기술의 진보 속도는 상상할 수 없을 만큼 너무나 빠르며 과거에 선도적이었던 자신의 기술만 믿고 고집하다가는 결국 경쟁업체에 뒤처지고 만다는 사실을 뼈저리게 느꼈다.

즉 "큰 고기가 작은 고기를 잡아먹는 게 아니고 빠른 물고기가 느린 물고기를 잡아먹는다"는 경영화두를 갖게 된 것이다. 그의 이러한 경영철학 덕분에 시스코는 자신들이 보유한 기술력에 대한 자부심에 연연하지 않을 수 있었다. 그들은 경쟁력을 갖춘 경쟁사가 등장하면 인수합병을 해서라도 기술발전의 속도를 늦추지 않았다.

체임버스 회장은 이러한 속도 경영철학을 현업 경영방식에도 그대로 적용했다. 그는 상명하달식 수직문화를 철저히 배격하고 팀 관리자에게 자율권을 부여함으로써 팀 단위로 빠르게 의사결정을 내릴 수 있도록 했다. 너무나 많은 조직에 관여해야 하는 자신이 기업경영 속도를 떨어뜨릴까 염려한 그는, 신속하고 제대로 된 의사결정을 내릴 수 있도록 조언해줄 경영팀까지 가동했다.

    진정한 리더라면 너무 많은 업무, 또는 너무 큰 조직을 맡아서 제때 결정을 내릴 수 없다는 핑계를 대기 전에 효율적인 결정을 내릴 수 있는 권한위임 체계를 갖추었는지 돌아봐야 한다. 또한 자기 자신이 혼자서 결정하겠다는 지나친 책임감에 매몰돼있는 건 아닌지 성찰해볼 일이다.

"당신이 기준이 되라"

055 밥 실러트

밥 실러트Bob Seelert 회장은 글로벌 크리에이티브 그룹 사치앤 사치Saatchi & Saatchi의 최고경영자다. 이 시대 가장 창의적인 리더로 꼽히는 캐빈 로버츠를 CEO로 선택하는 안목을 지닌 인물로, 그 또한 괴짜 경영자로 통한다. 40여 년간 여러 기업에서 일해 온 경험적 지혜를 담아《창조적 괴짜를 넘어서 *Start with the answer*》라는 책을 출간했다.

그는 이 책을 통해 실력은 있지만 실전에 약한 직장인들을 위한 다양한 지침을 제공하고 있다. 그는 자신의 충고가 직접적인 경험을 통해 얻은 정답이므로 이 정답을 가지고 직장생활을 시작하면 반드시 성공할 수 있을 것이라고 장담한다.

그의 충고 대부분은 실전에 유용한 지침이 되지만 그중에서도 "당신이 기준이 되라"는 주문은 꽤 자극이 된다. 특히 독보적인 성공의 역사를 쓰고 싶은 사람들이 귀담아들을 만하다. 그는 캐빈 로버츠의 러브마크, 도요타의 카이젠 등을 스스로 기준이 된 사례로 소개한다.

그보다 작게는 일상생활에서도 자기 자신을 기준으로 삼을 수 있도록 노력하는 리더의 사례가 많다. 정보관리에 철저한 인텔의 최고경영자 앤디 그로브는 현역 시절 일반 직원들과 마찬가지로 출퇴근 시간에 출입구에 줄을 서서 자신의 노트북을 보안·점검받는 모범을 보였다. 작은 일부터 철저하게 관리하는 기본을 강조한 하이얼의 장 루이민 회장 또한 출퇴근 시 카드 체크를 솔선해 모범을 보인 경영자다.

이름만 떠올려도 자동으로 연상되는 수식어를 가진 세계적인 리더들이 많다. 성공한 역사의 주인공이 되고자 한다면 당신이 세울 새로운 기준을 정하라. 그리고 그 기준의 충성스런 실천자가 되라.

"최고의 가설은
어떤 보편적인 믿음도
틀렸다는 것이다"

켄 올슨

"오늘의 정의는 내일의 부정, 세상에 변하지 않는 것은 없다. 유연한 정신을 갖는 것이 무엇보다 중요하다." 이는 하버드비즈니스스쿨^{HBS}에서 교육시키는 내용이다. 이 이야기를 뼈아프게 들었을 법한 경영자 한 명이 얼마 전 세상을 떠났다. 그는 컴퓨터 산업의 개척자로 불렸던 디지털 장비회사 DEC^{Digital Equipment Corporation}의 창업자 켄 올슨^{Ken Olsen}이다.

DEC는 한때 IBM도 경쟁자로 여길 만큼 성장한 기업이었으나 지금은 그 이름조차 사라지고 없다. 켄 올슨은 DEC를 세계 2위

컴퓨터 제조업체로 성장시켰던 주역이었지만 기술력에 대한 자신감에 도취되어 시대의 변화를 무시하는 실수를 저질렀다. 그는 가정용 PC의 등장에 대해 가정에서 왜 컴퓨터가 필요한지를 의아해 했다.

DEC는 높은 기술력에 기반한 성능 좋은 중형 컴퓨터 제품으로 기업 고객들 사이에서 명성이 높았다. 그러나 컴퓨터의 수요가 기업에서 개인으로 이동하는 시장의 변화에 발 빠르게 대응하지 못했다.

이는 경영자의 잘못된 판단과 더불어 기술 자부심이 대단했던 엔지니어들의 저항 때문이었다. 이들은 성능이 뛰어난 중형 컴퓨터 기술보다 더 낮은 기술이 적용되는 개인용 PC를 개발해 달라는 상품 기획부서의 요구를 자존심 상하는 일로 여겨 거절했다.

DEC의 사례는 자기 과신의 함정이 얼마나 위험한지 돌아보게 한다. 획기적 기술 개발이나 개선을 위해서는 자기부정이 선행돼야 한다. 신기술을 탐구하고 싶어 하면서도 어제까지 이룩한 기술의 성과에서부터 시작하려는 엔지니어들이 있다. 시장의 요구는 어제와는 전혀 다른 엉뚱한 방향으로 흘러갈 수 있고 경쟁자가 새로운 마켓을 창조해서 시장 자체를 바꿔놓을 수 있는데도 말이다.

'최고의 가설은 어떤 보편적인 믿음도 틀렸다는 것'이라는 켄 올슨의 한마디는 그런 의미에서 곱씹어볼 가치가 있다. 창조적 리더가 되고자 한다면 기존의 생각과 방식에 도전적 의문을 던지는 데 솔선수범해야 한다. 나머지 조직구성원도 리더의 모범을 따라 창조적 파괴의 습관을 갖도록 독려해야 할 것이다.

"욕먹는 것을 두려워 마라"

057　　　　　　　　　　　　　　　　　　　　　레이프 요한슨

자동차 업계 구조조정의 대표적인 성공사례로 꼽히는 것은 볼보자동차의 구조조정 사례다. 1997년 볼보자동차의 최고경영자로 취임한 레이프 요한슨Leif Johansson은 2년 뒤 볼보를 살리기 위한 전략적 선택으로 볼보자동차의 매각을 결정했다. 그 사실을 공표하자 스웨덴 국민들은 스웨덴의 자존심을 팔아버렸다고 그에게 맹비난을 퍼부었다.

당시 볼보자동차는 스웨덴의 국민브랜드로 여겨지고 있었기 때문이다. 레이프 요한슨의 볼보자동차 매각은 마치 매국행

위와 다름없는 집중적인 비난을 받았다. 그러나 오래지 않아 그의 선택이 옳았음이 증명되었다. 그는 경쟁력이 없는 자동차를 매각하는 대신 트럭과 중장비 사업에 집중함으로써 지속적인 수익 개선의 기반을 마련했던 것이다.

그는 훗날 이 사건에 대해 다음과 같이 회고한다.

"최고경영자의 위치는 원래 욕먹기 쉬운 자리다. 욕을 안 먹겠다는 것은 리더로서 잘못 생각하는 것이다. 난 욕먹는 것을 두려워하지 않았다. 매각이라는 선택은 당시 상황에서 정서적으로는 불가능한 일이었지만 이성적으로는 해야만 하는 결정이었다."

사람들은 일반적으로 최고경영자 자리가 외로운 결정자라는 사실에는 쉽게 동의한다. 하지만 막상 최고경영자 자리에 올라서는 외로워도 괜찮다고 생각하지 않는 것 같다. 최고라는 자신의 지위를 걸고 자존심이나 평판에 해가 될 수 있는 결정을 내리기는 쉽지 않다. 어렵게 얻은 최고의 자리를 지키고 싶은 욕구가 있기 때문이다.

가끔 회사보다 경영자 개인의 이름이 더 널리 알려진 경우, 평판관리에 도움이 되는 의사결정을 하려는 유혹에 빠지는 모습을 볼 수 있다. 해야 할 일에 집중하기보다 자신에 대한 평가에 도움이 될 선택을 하거나 대중의 인기를 얻을 결정을 하려고 한다.

  욕먹지 않는 것에 집중하다 보면 자기 정당성을 증명해줄 온갖 이론적 근거를 마련하는 일에 신경 쓰게 된다. 또한 하지 않아도 될 일을 거듭 주문하면서 직원들을 지치게 한다. 남의 시선에 신경을 쓰다 보면 자신의 방향을 잃기 쉽다. 옳은 길을 찾아가는 여정에서는 두려움을 길잡이로 삼지 말고 소명과 책임감의 안내를 받아보자.

"재능에 의존하지 말고 적극적으로 선택하는 삶을 살아라"

058 제프 베조스

인터넷서점 아마존의 설립자 제프 베조스Jeff Bezos는 자신의 모교인 프린스턴대의 후배들에게 연설할 당시 "재능에 의존하지 말고 적극적으로 선택하는 삶을 살아라"고 당부했다. 덧붙여 천부적인 재능으로 인생을 수월하게 사는 것은 쉬운 일이지만 어려운 선택을 통해 이룩한 삶은 자긍심을 만들어줄 것이라고 조언했다. 그 자신도 대학을 우등으로 졸업할 만큼 꽤나 똑똑했고 선천적으로 물려받은 재능도 많았지만 그는 그것에 의존한 채 쉽게 사는 길을 포기했다.

아마존을 창업할 당시 그는 월 스트리트에서 잘 나가던 젊은 시스템 프로그래머였다. 회사 생활이 힘들었던 것도 아니었고 꽤 높은 연봉을 받고 있었다. 하지만 전자상거래 시장이 매년 수백 퍼센트의 무서운 성장세로 커진다는 뉴스를 접한 순간, 그 자리에서 바로 창업을 결정했다.

'인터넷에서 팔 수 있는 상품엔 어떤 것이 있을까' 하고 잠시 궁리한 끝에 돌연 사표를 던지고 인터넷으로 책을 팔 수 있는 사업을 준비했다. 베조스는 번쩍이는 아이디어를 생각으로 끝내지 않고 실행으로 옮기기 위한 결단을 내렸다. 그는 자신의 경험을 통틀어 대부분의 후회는 행동했기 때문에 오는 것이 아니라 행동하지 않아서 오는 것이라고 강조한다.

도전적이고 추진력 있는 기업가들 중에는 생각이 많은 우등생을 멀리하라고 조언하는 사람들이 있다. 깊게 생각하는 우등생들은 문제를 밝혀내는 데 매우 민첩하고 정답을 찾는데도 유능하다. 하지만 실행하는 과정에서 장애물에 부딪히면, 이것을 돌파해야 할 과제가 아니라 피해야 할 문제로만 생각한다. 때문에 적극적인 실행에는 도움이 안 된다는 것이다.

1루에서 발을 떼야 2루로 갈 수 있듯이 새로운 전진을 위해서는 스스로 안정을 깨는 선택이 선행돼야 한다.

"세상을 바꾸기 전에 나부터 바꾼다"

059 제임스 데스페인

CEO가 된 청소부로 잘 알려진 제임스 데스페인James Despain. 그는 중장비회사 캐터필러사에 임시청소부로 입사했다가 근면성실함과 성과를 인정받아 결국 불도저사업부의 최고경영자까지 오른 입지전적인 인물이다. 남들과 달리 열심히 일하는 편이라 늘 동료들의 눈총을 받기도 했지만, 그는 늘 돈 받는 만큼만 일하면서 시간을 보내는 것은 한심하다고 생각했다. 때문에 자신에게 주어진 일은 무엇이든 최선을 다했다.

그러던 그가 공장 건설현장의 최고책임자가 됐을 때였다. 그는 자신의 역할과 책임이 자랑스러웠고, 그동안 열심히 일한 것을 보상받았다는 생각이 들었다. 그러자 더 열심히 일해 회사에 보답하고 싶은 마음이 생겼다.

그러나 일은 생각대로 잘 진행되지 않았고 점차 자신이 일을 제대로 하고 있는지조차 확신이 생기지 않았다. 주어진 상황을 적절히 통제할 수 없다고 느끼자 불안해지기 시작했고, 점점 조바심이 밀려왔다. 그리고 그는 언제부턴가 직원들을 격려하고 지지해주던 여유는 온데간데없고 오로지 결과만을 재촉하며 화를 내고 부하들을 위협하는 자신을 발견했다.

이런 현상은 그만의 문제가 아니라 상사의 주목을 받고 성장한 기업의 임원들에게서 자주 목격되는 모습이다. 이들은 자신을 제대로 평가해준 상사에 대한 보답을 하고픈 마음에 조기성과에 올인하게 된다. 성과에 집중하는 것이 나쁘다는 것이 아니라 결과만 보느라 과정을 살필 여유를 잃는 것이 문제다. 다행히 데스페인 사장은 질책하던 눈길을 자신에게 돌려 본인부터 바꾸겠다는 선택을 하면서 문제의 늪에서 벗어날 수 있었다.

인간은 자기보호 본능이 있기 때문에 문제가 생기면 외부에서 그 이유를 찾으려는 경향이 있다. 남 탓과 환경 탓을 하면서 자신의 행위에 대한 정당성을 확보하려 한다. 그러므로 리더의 냉철한 자기인식은 매우 중요하다.

"자신은 늘 옳고 다른 사람은 틀리다_{I'm OK, You're not OK}"는 패러다임으로 세상을 보고 있지는 않은지, 자기 욕심이 앞서 묵묵히 일하는 직원들을 더 가혹하게 이용하고 있는 것은 아닌지, 자기 감정을 추스르지 못해 직위를 이용해 분풀이를 하고 있는 것은 아닌지 등 자신에 대해 객관적인 인식을 한다면 현명한 해결대안을 찾을 수 있을 것이다.

"사람 같은 로봇이 아니라 사람을 위한 로봇을 만든다"

콜린 앵글

경영자 또는 리더가 해야 할 일 중에 가장 중요한 것은 목표 또는 성공의 기준을 명확히 제시해야 한다는 것이다. 매출 증대가 목표인지, 비용 절감을 통한 낭비 제거가 목표인지에 따라 강조점이 달라지고 관리 포인트가 달라진다. 그러므로 조직에 적합한 성공 기준을 정하는 것은 리더의 역량을 보여주는 또 하나의 지표가 된다.

조직이 추구해야 할 성공 기준을 명확히 제시함으로써 에너지 낭비 없이 빠른 시간 안에 결실을 본 사례가 있다. 흔히 로봇 기술은 일본이 가장 앞서 있다고 알려져 있다. 그러나 정작 로봇 산업에서 가장 먼저 비즈니스 성과를 올리고 있는 곳은 아이로봇이라는 미국회사다. 일본이 자국의 기술 수준을 과시하기 위해 로봇을 만드는 것과 달리 아이로봇은 실제 비즈니스가 성사될 가능성이 있는 로봇에만 관심을 집중했다. 일본의 로봇 기술과 경쟁하는 것이 아니라 돈이 되는 로봇 개발을 성공 기준으로 삼은 것이다. 때문에 독자적인 비즈니스 영역을 확보하게 됐다.

대학생 창업으로 자금이 부족했던 콜린 앵글Colin Angle 사장은 돈을 벌어서 회사가 문을 닫지 않도록 하는 것을 첫 번째 성공으로 여겼다. 그는 인간 같은 로봇을 만들 수 있다는 기술 자랑에는 관심을 두지 않았다. 오로지 인간을 대신해서 일해 줄 로봇을 개발하는 데 힘을 쏟았다. 실질적인 도움을 주는 로봇을 개발해서 사람들이 기꺼이 돈을 지불하고 사고 싶도록 만드는 것을 목표로 했다. 청소기 로봇에서부터 자원 탐사 로봇, 폭발물 해체 로봇 등 철저히 특수 기능에 집중한 결과 비싼 가격임에도 구매 수요가 꾸준히 늘어나고 있다.

성공 기준이 명확하지 않으면 도움이 될 만한 일은 무엇이든 하려고 하거나 조금이라도 연관성이 있어 보이는 일은 무시할 수 없게 된다. 모든 걸 강조하다가 정작 어느 것 하나도 제대로 다루지 못하는 우를 범하게 되는 것이다.

성공 기준은 해야 할 일과 하지 말아야 할 일을 구분해내는 기준이 되므로 조직의 자원을 절약하는 전략적 지침이 되기도 한다. 무조건 열심히 일해 달라고 당부할 것이 아니라 성공할 일을 하도록 안내해주는 것이 전략적 리더가 해야 할 일이다.

"역사는 한순간에 이뤄지지 않는다"

061　　　　　　　　　　　　　　　　　　　　　리처드 부스

한 사람의 리더가 가진 영감으로 인해 무에서 유가 창조되는 사례는 드물지 않다. 이름도 없던 영국의 한 시골마을을 세계인이 찾는 명소로 만든 리처드 부스^{Richard Booth}의 이야기는 새로운 역사를 탄생시킨 훌륭한 사례로 꼽힌다. 하지만 그 역시 시작할 때만 해도 냉소의 대상일 뿐이었다는 사실을 기억해야 한다.

1960년대 초 명문 옥스퍼드대를 졸업한 젊은이가 조그만 시골 마을에서 헌책방을 연다고 했을 때 그 뉴스는 동네 주민들이 혀를 차며 입방아 찧기 좋은 이슈일 뿐이었다. 회계사가 될 거라

고 기대를 품었던 부모 입장에선 얼마나 한심한 노릇이었을까.

그러나 그가 만든 헌책마을 헤이온와이Hay-on-wye는 런던에서 5시간이나 걸려 도착할 수 있는 시골마을임에도 전 세계에서 연간 50만 명이 넘는 이들이 찾는 명소로 변신했다. 이 마을을 벤치마킹해 프랑스, 벨기에 등 유럽 여러 국가에서도 비슷한 마을이 조성될 정도다. 한 사람의 꿈이 얼마나 대단한 결과를 만들 수 있는지 놀랍기만 하다.

벤치마킹을 한다고 성공한 사례와 비슷하게 시도해보거나 흉내는 낼 수 있을지 몰라도 똑같은 성과를 낼 수 없는 이유는 무엇일까. 그가 마음에 품은 비전과 노력이 질이 똑같지 않기 때문일 것이다. 리처드 부스의 경우, 시작은 조그만 시골마을에서 했지만 지역 주민만을 바라본 것이 아니라 전 세계 독자를 고객으로 상대한다는 포부를 가졌기에 준비 과정 또한 남달랐다.

그는 수입이 생기는 대로 좋은 책을 구하기 위해 영국뿐만 아니라 미국, 호주 등 전 세계를 헤집고 다녔다. 오로지 좋은 책으로 승부하겠다는 전략이 먹혀 유명 작가들조차 고객으로 찾아오면서 그의 책방과 마을이 유명해졌다. 헌 책방으로 인해 늘어난 방문객을 상대하는 새로운 상권이 형성돼 현재 헤이온와이는 하나의 문화 아이콘으로 이름을 알리게 됐다.

그는 자기 꿈이 실현될 때까지는 많은 시간과 노력이 필요하다는 사실을 당연시했다. 역사는 절대 한순간에 이뤄지지 않는다고 생각했기 때문에 급하게 마음먹지 않고 차근차근 하나씩 준비해나갔다. 우리가 성공 사례를 본보기로 삼을 때에는 결과만을 모방의 대상으로 삼지 말고 시작과 끝까지의 과정과 창안자의 열정을 벤치마킹하려고 해야 할 것이다. 모든 위대한 일에는 그만한 수고가 필요하다.

"무슨 일이든 상식대로만 하세요"

062   이사도어 샤프

"무슨 일을 하든, 어떤 결정을 내리든 다른 사람의 입장에서 생각해보고 상식대로만 하시면 됩니다." 이 말은 거대 호텔 체인인 포시즌스의 창업주, 이사도어 샤프Isadore Sharp 회장이 직원들을 교육할 때 자주 주문하는 내용이다. 호텔업에 대해선 문외한인 건축업자였던 그가 호텔 체인업을 시작하면서 내린 사업의 정의는 간단했다. 호텔을 이용하는 고객이 원하는 것을 채워주고 최적의 환경을 제공하면 된다고 생각한 것이다.

그런 면에서 호텔업계 최초라는 수식어가 붙는 24시간 대기

서비스, 객실 내 헤어드라이어 비치, 피트니트 센터 운영 등 지금은 상식이 된 대부분의 편의시설과 서비스들이 포시즌스 호텔에서부터 시작됐다는 것은 놀랄 일도 아니다. 언론에서는 포시즌스 호텔 그룹을 전체 산업의 기준을 높인 곳으로 평가한다. 애플 스토어가 포시즌스 호텔의 컨시어지 서비스(고객이 필요로 하는 모든 서비스 제공)를 벤치마킹 했다는 유명한 에피소드가 이해가 되는 대목이다.

고객 편의시설 도입 분야에서 독보적인 리더인 샤프 회장이 고객의 관심과 요구에 민감하게 대응할 수 있었던 것은 '나라면 이런 서비스를 받고 싶을 것'이라는 공감적 이해에서 비롯됐다. 포시즌스 호텔 직원들의 행동 규범은 공감이라는 개념에 뿌리를 둔다. 그들은 오롯이 고객의 입장에서 판단하고 행동한다.

직원들이 최고의 서비스를 위해 헌신하는 모습을 본 주주들은 어떻게 하면 저렇게 성심성의를 다해 일하게 만들 수 있느냐고 궁금해 했다. 그러자 샤프 회장은 "그들을 잘 대우해주면 됩니다"라고 지극히 상식적인 대답을 했다. 포시즌스 호텔 직원은 자신들이 고객을 존중하는 만큼, 자신들도 고객과 똑같이 존중 받는다고 생각한다. 만족한 직원이 만족한 서비스를 제공한다는 지극히 상식적인 판단에서 직원 대우를 해주기 때문이다.

리더십 다면평가 제도가 일반화된 요즘엔 어떻게 하면 직원들로부터 긍정적인 평가를 받을까 고민하는 경영자가 많다. 이런 경영자들에게는 평가자의 입장에 서서 그들이 무엇을 말하고 있는지 들어보라고 권하고 싶다. 불도저 같은 추진력과 열정은 가졌으되 존경을 받지 못하는 리더라면 상식적인 기대를 무시하며 살아온 것은 아닌지 성찰해보는 것이 도움이 될 것이다.

"업무 몰입을 위한 첫 걸음은 직원에게 의사결정 책임을 넘겨주는 것"

얀 칼슨

'결정적 순간MOT'란 개념을 제시하며 서비스 품질경영의 신화를 쓴 사람이 있다. 이 개념은 39세의 젊은 나이로 스칸디나비아 항공 사장으로 부임해 1년 만에 흑자 운영으로 전환시킨 얀 칼슨JAN CARLZON이 제안한 것이다. 그는 서비스업의 특성상 현장 일선 직원의 업무 품질을 중요하게 여겼다. 고객 접점에 있는 사람이 고객의 요구에 대응하는 초기 15초 동안의 반응이 고객만족 여부를 결정하는 결정적 순간이라고 본 것이다.

그 짧은 15초의 시간 안에 결정해야 할 변수는 한두 가지가 아닐 것이다. 상황 변수에 대한 정보를 가장 많이 가진 사람이 일선 직원이므로 그 직원에게 의사결정에 대한 책임을 넘겨줘야 한다는 주장은 타당하다.

하지만 의사결정 능력이 부족하다고 생각되는 부하 직원에게 의사결정 권한을 넘겨주는 것이 쉬운 일은 아니다. 이를 불안해하는 상사는 위임한 일에서조차 부지불식간에 의사결정을 대신해주는 실수를 범한다. 보통 결정은 상사가 내리고 실행의 결과는 직원이 책임지게 하는 패턴이다 보니 직원의 의사결정 능력이 잘 길러지지 않는다.

의사결정 과정에 직접 참여하지 않은 사람은 자신의 일이 아니라고 생각하기 때문에 시킨 대로만 하려는 경향을 보인다. 결국 자신의 일을 하는 것이 아니라 상사의 일을 하고 있다고 생각한다. 문제가 생기면 스스로 해결책을 찾기보다 상사에게 상황을 보고하고 다음 지시를 기다리는 태도를 취한다.

상사들이 못마땅해 하는 직원의 수동적이고 소극적인 태도는 어쩌면 상사의 관리방식 때문일 수 있다. 칼슨의 지적처럼 직원들이 자기 일에 몰입하게 하려면 결정에 대한 권한과 책임감 모두를 줘야 한다. 일단 부하에게 권한위임을 했다면 상사는 직원들의 의사결정 능력이 배양되도록 지도할 책임만 가지면 된다.

"정직함과 성실성을 가장 먼저 보라"

워런 버핏

가치 투자가로 잘 알려진 워런 버핏은 사람을 채용할 때도 드러난 능력보다 잠재된 가치를 먼저 본다. 그는 사람을 뽑을 때 성실함, 지능, 에너지 이 세 가지를 검토해야 하고 그중에서도 가장 먼저 성실함부터 체크해봐야 한다고 조언한다.

그는 올해 초 한 언론과의 인터뷰에서 후계자를 뽑을 때 실력보다 인격적으로 훌륭한 사람을 먼저 고려할 것이라는 의중을 드러냈다. 얼마 후 후계자 후보 중 한 사람이 내부자 거래 혐의로 사퇴하는 상황이 발생하자 그가 이룩한 놀라운 업적에도 불구하고 워런 버핏은 냉정한 의사결정을 내렸다.

실력은 있지만 정직함과 성실함이 부족한 사람은 결국 일을 그르치고 그를 선택한 사람에게도 부담을 지우는 결과를 만든다. 자신이 선택한 2인자 때문에 곤혹을 겪는 사람이 적잖은 이유도 실력과 에너지에 매료돼 인격적인 면을 소홀히 평가했기 때문이다.

경영의 구루 피터 드러커도 경영자의 결정 가운데 제일 중요한 것이 인사결정이라고 말한 바 있다. 경영자는 채용의 절차 못지않게 인사관리도 철저해야 한다. 조직 내 정보란 수집하는 사람의 필터에 의해 조절되고 검열된다. 심지어 자신이 세운 논리에 뒷받침이 되는 정보를 편식하는 경향도 있다. 자신이 선택한 사람에 관한 정보에 대해 선택적 지각을 하게 되는 이유다. 게다가 조직의 상부로 올라갈수록 정제된 정보에 의해 오도될 위험도 있다. 그러므로 호감을 가지고 있는 인재나 후계자로 육성하고 있는 사람에 대해서는 더욱 더 냉철한 판단이 요구된다.

냉정하게 통찰하는 능력은 사업뿐 아니라 사람에 대해서도 그대로 적용된다. 사람을 평가하고 판단하는 일은 사업정보보다 다루기 어렵다. 사람을 보는 안목을 키우기 위해서는 듣고 싶지 않은 정보에도 귀를 열어두고 다각도로 관찰하는 한 차원 높은 안목을 유지하려는 자세가 필요하다.

"바로 앞에 있는 문제부터 시작하세요"

065 무하마드 유누스

가난한 사람들의 위한 세계 최초의 은행인 그라민은행은 1983년 방글라데시의 작은 마을에서 경제학 교수였던 무하마드 유누스Muhammad Yunus에 의해 설립됐다. 이 은행의 무담보 소액대출(마이크로 크레디트) 방식은 큰 성과를 거둬 현재 아시아를 비롯해 북미, 유럽, 아프리카 등 전 세계 각지로 전파됐다. 그라민은행은 빈곤층과 여성 등 사회적 약자의 경제적 발전을 이끌어준 공로를 인정받아 2006년 설립자이자 총재인 유누스와 함께 노벨평화상을 받기도 했다.

유누스는 미국에서 경제학 박사 학위를 받고 대학에서 강의하다가 독립된 조국 방글라데시의 경제발전에 기여해보겠다는 뜻을 품고 귀국했다. 처음엔 정부 경제 부처에 들어가 여러 시도를 했지만 관료적이고 부패와 비효율이 만연한 공무원들과는 아무 일도 할 수 없음을 깨닫고 자신의 노력으로 할 수 있는 범위에서 실험적인 시도를 해보기로 했다.

그라민은행의 시도는 소박한 작은 일상에서 시작됐다. 출퇴근길에 지나다니며 늘상 보는 '조브라' 마을의 극빈층 주민들이 절망적 가난에서 벗어나도록 돕고자 시작한 일이었다. 경제적 독립의 발판을 마련하는 데 필요한 최소한의 경비를 산출해내고, 그 돈을 마련하기 위해 은행을 설득하고, 자신의 신용을 담보로 대출금을 마련하는 등 직접 발품을 파는 노력으로 그 모든 일을 이뤄냈다. 무담보로 대출해주면 절대 갚지 않을 것이라는 우려가 있었지만 채무자들은 착실히 돈을 갚아나갔고 경제적 자립을 이루는 성과를 거뒀다.

그는 말한다. "작게 시작하라. 당장 자신 앞에 놓인 문제부터 시작하라." 세상에 좋은 뜻을 품은 리더는 많다. 다만 그들 중 많은 사람이 세상이 알아줄 깜짝 놀랄 만한 일을 하고 싶어서 작은 일엔 관심을 두지 않는다는 점이 아쉬울 뿐이다.

평범한 사람들도 더 나은 세상을 만드는 것에 관한 다양한 아이디어를 가지고 있다. 한두 명이 모여 잡담을 나누다가도 세상을 바꿀 아이디어로 설전을 벌이기도 한다. 그 모습을 보노라면 이런 생각이 스친다. 열변을 토하기 전에 그저 자신이 할 수 있는 아이디어부터 실천했더라면 자신이 원하는 세상에 한 발짝 더 가까이 가 있지 않았을까.

"신문이 살아야
공익도 있다"

066   캐서린 그레이엄

언론계의 대모, 퍼스트레이디로 불리며 존경을 한 몸에 받았던 캐서린 그레이엄Katharine Graham도 시작은 불안하기 짝이 없었다.

〈워싱턴포스트〉의 사주였던 남편의 죽음으로 어느 날 갑자기 책임을 넘겨받았으니 그 자신은 물론 주변에서의 염려와 걱정이 이만저만이 아니었다. 다행히 그녀는 냉정한 자기 인식을 가지고 있었다. '나는 이 분야에 대해 잘 모른다는 생각을 갖고 경영을 시작하겠다'는 입장을 취하며 자신에게 도움을 줄 만한 사람이면 남녀노소를 막론하고 찾아가서 배우기를 주저하지

않았다. 능력을 갖추고 일을 시작하는 것은 행운이겠지만 상황에 맞게 해야 할 일을 결정하는 정확한 현실 인식 능력은 지도자가 가져야 할 참실력이다.

그녀는 정치 권력자와 경제 지도자들과 두터운 친분을 가졌으면서도 정부의 잘못을 낱낱이 파헤치고 고발할 때는 물러설 수 없다는 배짱으로 언론의 갈 길을 제시했다. 오늘날까지 유명세를 타게 만든 워터게이트 사건 게재는 발행인으로서 그녀의 근성과 결단력을 보여준 대표 사례라 할 수 있다.

그런 반면, 회사를 곤경에 처하게 만든 사내 노조의 파업에 대해선 한 치의 양보도 없이 강경하게 대응했다. 그녀가 노조를 향해 '신문이 살아야 공익도 있는 것'이라고 일갈한 것은 최고의사 결정자의 어려운 역할을 잘 보여주는 단면이다.

그녀는 낭만인 이상주의자가 아니었다. '좋은 사람'이라는 이미지를 보호하느라 회사가 문을 닫더라도 자신의 입으로 감원 조치를 내릴 수 없다고 고집하는 경영자는 나쁘다. 마음이 약하다는 이유로 다른 사람이 악역을 대신하도록 떠미는 행위도 나쁘다.

이상론자들은 현실을 무시하는 결정을 내리게 되는 것을 조심해야 한다. 자고로 기업가의 이상주의는 현실 위에서 발현돼야 그 가치가 빛나는 법이다.

The words that great CEOs left us **열정의
끈을 놓지 않고 끊임없이 도전해온
리더들의 한 마디**

행/동/하/라 **4**

"큰 소리로
싸우는 조직을 만들어라"

067 래리 보시디

세계 최대의 자동차 제어계측기구업체인 하니웰인터내셔널 Honeywell의 최고경영자를 지낸 래리 보시디 Larry Bossidy가 조직구성원의 실행 정신을 독려하기 위해 사용한 말이다. 베스트셀러 《실행에 집중하라 EXECUTION》를 쓰기도 한 그는 실행이란 현실을 직시하고 그 현실에 대응하는 체계적인 방식이라고 설명했다.

현실직시. 이보다 더 간단하고 명쾌한 주문이 있을까? 하지만 실제로 현장에서 벌어지는 상황을 살펴보면 현실직시는 생각만큼 쉽지 않은 듯하다.

많은 사람이 여러 가지 사연을 핑계로 현실을 생략 또는 왜곡해 보고한다. 또는 문제를 발견하고도 본인이 해결할 수 없다고 판단하여 '문제가 없다'고 허위보고를 하기도 한다. 상사의 입장과 체면을 생각해 현실을 가공, 편집하는 처세의 달인들도 있다.

이러저러한 이유로 왜곡된 현실은 조직을 눈멀게 하고, 올바른 실행을 방해한다. 망해가는 회사에서도 '우리가 제일'이란 헛소리가 나오게 하고, 팔리지 않는 제품을 놓고 애꿎은 소비자를 탓하게 한다.

몇 년 전, 한 의사가 왼쪽 다리를 절단해야 할 환자의 오른쪽 다리를 잘랐다는 내용이 보도된 적이 있다. 사건 조사 과정에서 밝혀진 어이없는 사실은 간호사가 의사의 오판을 알고 있었다는 점이었다. 하지만 그녀는 감히 말을 꺼내지 못했다. 더 나아가 불편한 현실을 직시하는 것조차 힘들어서 '내가 생각을 잘못했나 보다'라고 합리화까지 했다고 한다.

"큰 소리로 싸우는 조직을 만들라"는 주문은 이런 점에서 의미가 있다. 각 조직의 리더를 대상으로 코칭을 하다 보면 추진력이 강한 리더가 맡고 있는 조직이 오히려 실행력 때문에 고민하는 경우를 많이 본다. 추진력이 강한 리더는 은연중에 구성원이 문제제기를 할 수 없는 상황을 만든다. 자신만의 현실에만 집중하거나, 스피드에 매몰돼 현실을 제대로 인식하지 못하기도 한다.

구성원의 문제 제기는 그 자체로 인정해주고 감사해야 할 고마운 일이다. 리더는 자신이 맡고 있는 조직이 너무 조용하고 일사불란하다면 커뮤니케이션의 품질 수준을 반드시 체크해봐야 한다.

"브랜드로서
행동하라"

068 아리고 베르니

수첩을 문구점이 아니라 서점에서 책처럼 팔기로 결정한 회사가 있다. 이 회사는 미색의 빈 종이를 엮어 '쓰여지지 않은 책'을 내놓았다. 원래 이 수첩은 19세기 파리의 문구 공방에서 만들어졌다. 피카소나 헤밍웨이 같은 예술가들은 이 수첩에 창의적인 아이디어를 담아내 그 어떤 책보다 풍부한 예술적 보고로 만들었다. 1980년대 저가품의 공격으로 사라졌던 수첩은 1995년 두 명의 사업가에 의해 되살아났다. 부활한 수첩은 서점을 무대로 전 세계 수첩 시장에서 막강한 브랜드를 구축했다.

이탈리아의 명품 수첩 브랜드 '몰스킨Moleskine'의 이야기다. 몰스킨의 사례는 성공적인 브랜드 마케팅의 벤치마킹 대상으로 자주 언급된다. 하지만 이 회사의 아리고 베르니Arrigo Berni 최고경영자는 "우리는 브랜드를 마케팅하지 않는다. 브랜드로서 행동한다"고 역설한다. "브랜드란 사람과 같으며, 사람을 판단하는 기준은 말이 아니라 행동이다. 고객들이 가치를 느끼게 하려면 경쟁자보다 더 나은 브랜드답게 우리 자신을 행동으로 보여줘야 한다"는 설명을 덧붙이면서 말이다.

브랜드를 만드는 것은 분명 중요한 일임에 틀림없다. 하지만 기업의 문화와 직원의 행동, 사내외 커뮤니케이션을 그 브랜드와 일치시키는 일이 무엇보다 더 중요하다. 브랜드는 고객의 신뢰를 먹고 살기 때문이다. 이런 의미에서 브랜드 전략은 제품을 팔기 위한 것이 아니라, 고객에게 경험과 정신을 전달하는 것이어야 한다.

사람들은 언제나 고객을 위한 의사결정을 하고, 근시안적인 유혹에 당당하게 "NO"라고 말할 수 있는 브랜드를 지켜주고 싶어 한다. 그러므로 브랜드 관리는 마케팅 등 특정부서의 업무가 아니라, 기업의 모든 구성원이 동참해야 할 작업이다. 기업이나 경영자는 자사의 브랜드에 내포된 가치를 말로만 떠들지 말고, 하루하루의 업무와 선택, 결정의 지침으로 삼아야 한다.

"연구개발은 연구소가 아니라 시장에서 시작된다"

채드 홀리데이

경영자로서 힘든 일 가운데 하나는 조직에 변화를 일으켜야 할 '때'를 알아채는 것과 그 변화의 방향을 제시하는 것이다. 많은 기업은 위기가 닥친 후에야 구조조정을 시행하는 등의 변화를 꾀한다. 이런 방법은 긴장감 조성에는 효과적일 수 있지만 구성원들의 창의성을 억압한다는 부작용이 동시에 발생한다.

1998년 채드 홀리데이Chad Holliday는 200년 역사를 지닌 종합화학회사인 듀폰의 최고경영자가 됐다. 그는 기존의 나일론 위주 화학제품으로는 더 이상 매출 성장을 기대할 수 없다는 심각한 문제를 해결해야 했다. 개혁이 필요한 시점이었다. 그러나 200년의 역사를 가진 기업답게 듀폰의 임직원들은 과거의 성공 신화에 안주했고, 변화에 둔감했다.

홀리데이 회장은 '시장 주도의 과학$^{market\ driven\ science}$'을 구호로 내세웠다. 그리고 그는 과학자들과 엔지니어들이 여행 가방을 들고 고객과 시장을 직접 만나러 떠날 수 있도록 등을 떠밀었다. 연구개발$^{R\&D}$이 더 이상 연구소에만 갇혀 있는 것이 아니라 시장에서 이뤄져야 한다고 판단했기 때문이다. 그가 이런 용단을 내릴 수 있었던 또 하나의 이유는 외부의 힘으로 변화를 강제하기보다는 변화를 주도해야 할 실무자들이 변화의 필요성과 그 방향을 알아채도록 하고 싶었던 것도 있었다. 홀리데이 회장은 '해답은 내부가 아니라 외부에 있다'는 강한 확신을 갖고 혁신을 주도해나갔다.

그 결과 듀폰의 과학자들은 시장의 요구를 반영해 병충해나 가뭄에 잘 견디는 종자를 만들어냈고, 바이오 연료를 듀폰의 새로운 성장 동력으로 발굴해내는 성과를 이뤘다. 홀리데이 회장의 예상이 적중한 것이다. 그의 성공스토리를 떠올리며 변화의 열쇠를 꽂을 자리를 정확히 찾아내는 것이야말로 변화 주창자의 중대한 몫이 아닐까 생각해본다.

"성공은 1퍼센트의 노력과 99퍼센트의 실패에서 온다"

070   혼다 소이치로

성공하는 사람들은 계속해서 행동하는 사람이다. 실패나 실수가 있더라도 포기하지 않고 다시 도전하기를 멈추지 않는 사람들이다.

혼다자동차의 창립자 혼다 소이치로本田宗一郎는 자신의 성공 비결에 대해 "반복되는 실패와 반성을 통해서 성공을 이룰 수 있었다. 사실 성공은 1퍼센트의 노력과 99퍼센트의 실패에서 오는 것이다"라고 정리했다. 그는 시멘트 공장을 경영하다가 두 번이나 파산한 적이 있었다. 전쟁 중의 폭격으로 인해 공장

이 몇 번씩이나 무너지는 경험도 했다. 지진이 발생해 재기의 발판이 산산조각 나고 물자조달이 어려워 사업 진척이 더뎌질 때도 숱하게 찾아왔다. 하지만 그는 울분을 터뜨리거나 포기하는 대신 방법을 바꿔가며 원하는 것을 얻기 위해 계속 노력했다.

전쟁 후 석유 부족으로 자동차를 운행하기 어려워지자 그는 자전거에 모터를 달아서 대체할 궁리를 했다. 이 자전거는 많은 사람의 호응을 받았지만 차체가 너무 무겁다는 불평도 발생했다. 그러자 그는 이 자전거를 '슈퍼캡'이라는 귀여운 오토바이로 진화시켜 시장의 폭발적인 호응을 이끌어냈다.

혼다는 이렇듯 포기하지 않고 다시 일어나 새로운 일을 시작한 자신의 도전 정신에 대해 다음과 같이 말했다.

"어떤 사람이 앉아 있거나 누워있을 때에는 넘어지지 않는다. 무엇을 하려고 일어서서 걷거나 뛸 때 돌부리에 걸려 넘어지기도 하고, 가로수에 부딪혀 쓰러지기도 한다. 하지만 머리에 혹이 나거나 무릎이 깨지는 한이 있더라도 멍하니 앉아 있거나 누워서 뒹구는 것보다는 훨씬 낫다. 실패는 했어도 그것을 통해 다음에는 비슷한 실패를 저지르지 않겠다는 뜻있는 깨달음을 얻었기 때문이다."

위대한 조직의 리더들은 지위고하를 막론하고 하나같이 실패를 중요한 깨달음의 계기로 삼았다는 공통점을 보인다. 실패가 주는 충격에 오래 머무르지 않고 학습의 기회로 삼아 개선점을 찾아내는 것이다. 진정 두려워해야 할 것은 당장 겪고 있는 실패의 상황이 아니라 눈앞의 실패가 무서워서 아무것도 하지 않으려는 자세다. 성공하려는 리더는 장기적인 안목을 가지고 실패에서 얻은 경험을 효과적으로 관리해야 한다.

"개인의 천재성보다 집단지능을 활용하라"

071   에드 캣멀

미국의 컴퓨터 애니메이션 기업 픽사Pixar는 지난 13년간 내놓는 작품마다 흥행 대박을 터뜨리면서 지구상에서 가장 창조적인 기업으로 손꼽히고 있다. 그들의 작품 중에서도 〈토이스토리〉나 〈라따뚜이〉는 우리나라 어린이들에게까지 인기 있을 만큼 유명하다. 놀라운 일은 이런 대작 애니메이션 스토리들이 외부에서 거금을 들여 만든 것이 아니라 순수하게 내부 직원의 머리에서 나온 아이디어로 만들었다는 사실이다.

  픽사 직원들의 끊임없는 창조력의 원동력은 무엇일까? 픽사의 CEO 에드 캣멀$^{Edwin\ Catmull}$은 "창조는 한순간 섬광처럼 나타나기보다는 아이디어 교환과 피드백 과정을 통해 서서히 부상하는 것이다. 한 명의 천재가 내놓은 번뜩이는 아이디어보다 작은 아이디어도 계속 발전시켜 나가는 것이 창조적인 조직을 만드는 원동력이 된다"고 대답한다.

픽사에서는 여러 개의 소규모 프로젝트를 동시에 진행시키면서 프로젝트 팀 간에 서로서로 도움이 되는 아이디어를 제공하는 업무방식을 취하고 있다. 동시에 여러 편의 단편영화를 제작하면서 장편영화에 활용될 기술을 테스트하기도 한다. 즉, 작품 한 편 한 편을 하나의 팀 스포츠로 간주한다. 감독이 전횡을 휘두르는 것이 아니라 작가와 애니메이터, 그리고 감독 모두가 직위를 떠나 협력한다.

에드 캣멀은 평범한 아이디어라도 집단 창의성을 활용하면 더 좋은 방향으로 새롭게 고쳐나가는 것은 물론 아이디어를 추가하여 최고의 작품으로 승화시킬 수 있다고 믿는다. 창조적인 조직들은 정보의 소통이 자유롭고 조직원들이 거창한 회의를 거치지 않고서도 수시로 비공식적인 대화를 나눈다. 또 즉흥적 협력이 가능한 구조를 갖추고 있다.

또한 픽사에서는 일일 리뷰회의를 운영한다. 각 팀이 미완성 상태의 작업 현황을 동료에게 보여주고 다른 직원들의 의견과 아이디어를 경청한다. 에드 캣멀도 그저 한 명의 참석자 자격으로 자신의 의견을 보탤 뿐이다.

창의적인 조직은 일사불란한 단결력과 경직된 조직구조를 가장 경계한다. 모두가 모여서 회의를 하지만 결국 한두 명이 결정하고 그 누구도 책임지지 않으려는 회의 장면이야말로 창조적인 조직과는 거리가 먼 모습이다. 즉흥적 협력이 습관처럼 이뤄지도록 하려면 협력을 극대화하는 조직구조와 환경을 설계해야 한다. 이를 위해서는 일단 커뮤니케이션의 자유와 발언 내용에 대한 안전 보장이 필요하다.

"실행이 곧 전부다"

카를로스 곤

파산 직전의 닛산 자동차를 1년 만에 흑자 기업으로 전환시킨 전설적인 최고경영자 카를로스 곤^{Carlos Ghosn}. 그는 닛산 재건계획의 일환으로 가혹한 구조조정을 행했고, 이에 대한 비판도 많이 받았지만 결국 이익 창출이라는 경영자의 책무를 완수했다.

곤 회장은 직원들이 아이디어 자체를 더 중요하게 여기는 행태를 답답하게 생각했다. 가령 그가 새로운 실행안을 제시하면 직원들은 "3년 전에도 해봤는데요"라며 시큰둥한 반응을 보이기 일쑤였다. 그러고는 계속 새로운 아이디어만 추구하는 모습을 보였다. 그는 직원들의 이런 관행에 제동을 걸었다. 그동안의 아이디어를 모아 제대로 실천해보지도 않은 아이디어는 다른 방식으로 시도해보도록 설득했다. 또 원하는 결과를 얻기 위해서는 실천 과정을 모니터링하고 결과를 측정해야 한다고 강조하며 철저하게 실천 위주의 경영으로 몰아갔다.

혁신과 변화를 추구하는 과정에는 수많은 실행 방안이 만들어지고 시도된다. 하지만 변화가 완성되기 위해서는 변화의 과정마다 전 조직구성원의 헌신이 뒷받침돼야 한다. 사람은 본능적으로 변화를 싫어하는 성향을 갖고 있다. 또한 변화를 시도했는데 별다른 진척이 없으면 금세 포기해버리기 쉽다.

따라서 혁신 초기에는 임직원들이 앞장서서 조직원들이 변화의 방향을 정확히 이해했는지 여부를 확인해야 한다. 또 실행 과정이 올바르게 전개되고 있는지 치밀하게 모니터링해야 한다. 결과가 좋지 않을 때는 왜 실패했는지 따져 묻지 말고 재빨리 대안을 탐색하고 가능한 한 성공할 수 있는 방법을 찾도록 독려해야 한다.

변화를 시도하는 것 자체는 매우 중요하다. 하지만 직원들이 인내하고 지속할 수 있는 시간 내에서 변화의 결과를 목격할 수 있게 만드는 일이 더 중요하다.

"운은 도전하는 사람에게만 온다"

스즈키 도시후미

'운'이란 우리가 통제할 수 없는 외적 요인의 작용에 의해 좋은 결과를 얻는 것을 일컫는 말이다. 과연 운이 좋은 사람은 따로 있을까? 그렇다면 하는 일마다 거듭 실패만 하는 사람은 정녕 운이 없는 사람일까? 누구나 운을 바라지만 통제할 수 없다는 한계 때문에 천운을 바라는 것은 그저 희망사항으로 남는 경우가 많다.

한때 시중에는 '운도 실력이다'라는 말이 회자된 적이 있다. 운이란 하늘에서 뚝 떨어지는 선물이 아니라 노력의 결과로 얻게 되는 보상이라는 뜻이다. 수많은 반대와 우려의 목소리를 뒤로 하고 편의점 세븐일레븐을 일본에 도입해 크게 성공시킨 스즈키 도시후미鈴木敏文 세븐앤드아이홀딩스 회장은 "결국 운이라는 것도 도전을 해야만 누릴 수 있다"고 말한다. 안정성을 유지하고자 제자리를 지키고만 있다면 운을 따를 기회는 적어질 수밖에 없다는 것이다. 이런 그의 철학은 그가 쓴 책의 제목《도전하지 않으려면 일하지 말라》에서도 여실히 드러난다.

열심히 했는데도 일이 잘 풀리지 않는 사람은 종종 '나는 운이 없어'라고 불평한다. 하지만 무턱대고 행운을 기대해서는 안 된다. 한 가지 대안에 집착해서 다른 가능성이 스쳐지나갈 때 알아채지 못하지는 않았는지, 또 불운을 예감하며 몸을 사리진 않았는지 성찰해볼 필요가 있다. 도전은 하면 할수록 실패할 위험도 같이 높아지지만 더불어 운이 따를 확률도 높아지는 법이기 때문이다.

막혔다고 생각하는 순간에 다른 길이 없는지 기회를 찾는 게 그냥 견디는 것보다는 좋은 결과를 얻을 확률이 높다. 심리학자 리처드 와이즈먼의 연구 결과에 따르면 운 좋은 사람들이 가진 긍정적인 사고 패턴을 어느 조직의 경영자에게 전수시켜 조직 전체의 운을 끌어올리는 실험을 한 결과, 조직의 수익이 20%나 증가했다고 한다.

운이 좋은 사람들에게는 공통적인 마음가짐이 있다. 자기 자신이 운이 별로 없다고 생각하는 사람에 비해 불확실성을 즐긴다는 것이다. 도전하고자 하는 목표를 분명히 하고, 수많은 가능성과 기회에 마음을 여는 것. 그리고 한쪽 문이 닫히면 다른 열린 문을 찾아 나설 수 있는 긍정적 마인드가 곧 운을 만드는 것이 아닐까. 그런 의미에서 본다면 운은 기다림의 대상이 아니라 찾아나서야 만나는 인연이 될 것이다.

"오늘 내가 해야 할 불가능한 일은 뭐지?"

074 대니얼 라마르

캐나다에 소재한 태양의 서커스는 《블루 오션 전략*Blue Ocean Strategy*》이라는 책에서 성공 사례로 소개된 이후 창의적 혁신의 사례로 자주 회자되는 기업이다. 우리나라에서도 선풍적인 화제를 모으며 공연한 바 있는 태양의 서커스는 기존의 서커스와 달리 동물 묘기도 없고 스타 곡예사도 없다. 대신에 기존 서커스에서는 다루지 않았던 다양한 주제를 색다른 표현 기법과 스릴 넘치는 곡예에 담아 공연함으로써 관객을 매료시킨다.

《블루 오션 전략》의 저자가 "이 기업의 미래는 위험을 감수하고, 그 문화를 유지하려는 능력에 달려 있다"고 평할 정도로 이곳의 공연자들은 늘 새로운 불가능에 도전하고자 한다. 대니얼 라마르Daniel Lamarre 사장은 매일 아침 "오늘 내가 해야 할 불가능한 일은 뭐지?"라는 질문으로 하루를 시작한다. 그들은 자신의 정체성을 '남들이 쉽게 따라 하지 못할 비범함을 추구하는 것'으로 결정했고, 새롭고 어려운 도전거리를 찾기 위해 몰두하고 있다.

우리가 하는 행동의 대부분은 질문하고 그 질문에 대답하는 과정으로 이뤄진 결과물이라고 할 수 있다. 질문은 생각을 집중시키는 효과가 있다. 또한 질문은 집중할 것과 삭제할 것을 구분하게 해준다.

포드가 최대 자동차 기업이 될 수 있었던 출발점에는 "어떻게 하면 자동차를 대량생산할 수 있을까?"라는 질문이 있었다. 타타가 200만 원대의 세계 최저가 자동차인 나노Nano를 개발한 배경에는 타타그룹 회장 라탄 타타의 "서민들도 살 수 있는 저렴한 자동차를 만들 수는 없을까?"라는 질문이 있었다.

우리가 던진 질문은 우리의 운명을 결정짓기도 하고, 때로 제대로 묻지 않은 질문 때문에 운명이 바뀌기도 한다. 삶의 초점을 확인하고 의욕을 불러일으키고 싶다면 아침 질문을 활용해 볼 것을 권한다.

"행동할 수 있는데
말하지 말라"

075 윌리엄 브래튼

1990년대 초반, 당시 뉴욕 경찰청은 최악의 조직으로 평가받고 있었다. 이곳은 단 2년 만에 최고의 조직으로 변모했는데 그 배경에는 행동하는 리더 윌리엄 브래튼(William J. Bratton)이 있었다. 그는 평소 "말로 할 수 있는데 글로 쓰지 말 것이며, 행동할 수 있는데 말로 하지 말라"면서 실행을 중시하는 리더였다.

조직의 쇄신과 직원들의 마인드 혁신을 위해 그가 선택한 것은 화려한 슬로건이나 그럴싸한 포스트가 아니라 문제가 발생한 현장을 직접 체험하게 하는 것이었다. 1994년 그가 부임했을 당시에 뉴욕 시는 무정부 상태에 가까울 만큼 혼란스러운 도시였다. 폭력, 강도, 살인 등 무시무시한 사건들이 연일 신문의 사회면을 장식하고 있었지만 치안을 담당할 경찰조직은 자신들의 열악한 근무환경만 탓하고 있었다.

변화와 혁신을 부르짖어봤자 전혀 새로운 자극이 되지 못할 정도로 직원들의 사기는 바닥이었다. 브래튼 청장은 사무실에 앉아 개선 보고서를 받는 대신, 간부들에게 자가용을 타지 말고 무조건 지하철로 출퇴근하라는 지시를 내렸다. 문제를 해결할 직원들이 시민의 입장에서 현장을 체험하면 무엇을 개선해야 할지 찾아낼 것이라고 믿었기 때문이다.

혁신기업으로 칭송받는 기업을 방문해보면 곳곳에 화려하고 감각적인 슬로건이 도배돼있는 모습을 보게 된다. 그런 구호들 중에는 참신한 내용에 더불어 감성을 자극하는 훌륭한 것들도 있지만 어떤 경우에는 조직구성원들에게 오히려 좌절감을 심어주기도 한다. '회의는 간단히, 필요한 만큼만'이라고 쓰인 포스트가 붙어 있는 회의실에서 언제 끝날지 모를 회의에 붙잡혀 있는 사람은 무엇을 느낄까. '귀는 크게, 입은 작게'라는 경청을 강조하는 포스트 앞에서 자기 말만 늘어놓는 상사와 함께 일을 해야 한다면 혁신은 고사하고 상대적 상실감만 키울 가능성이 크다.

"간택보다는 경쟁이 낫다"

장 루이민

헤드헌터 업체에서 두세 배 높은 연봉을 제시하며 스카우트하려 해도 꿈쩍도 하지 않는 직원들이 있다. 그들이 다니는 회사는 어디일까? 불과 몇 년 전까지만 해도 중국산 저가 가전회사쯤으로 치부됐지만 이젠 세계적인 가전회사들과 경쟁할 만한 위치에까지 오른 회사, 하이얼이다. 하이얼은 2010년에 열린 미국 전자박람회에서 100% 무선 TV를 선보여 참석자들을 깜짝 놀라게 하기도 했다.

중국의 기적이라고 일컬어지는 하이얼의 성장 비결로는 여러 가지가 있지만 장 루이민^{張瑞敏} 총재의 인재관도 한몫을 했다. "모든 사람이 인재다. 간택보다는 경쟁이 낫다"는 그의 인재관은 모든 사람이 경쟁하면서 성장하도록 이끄는 동력이 됐다. 그는 소수의 사람이 인재를 간택하는 방법은 공평하지 않고 원칙이 유지되기도 어려워 신뢰할 수 없다고 봤다. 또한 투명성과 공정성을 유지하기 위한 방법이 경쟁밖에 없으며 경쟁은 동기부여를 통해 직원들이 각자의 재능을 발휘하게 만들어준다고 믿었다.

하이얼의 직원들은 능력만 있으면 누구에게나 승진의 기회가 주어진다고 믿는다. 학력, 지연, 출생지와 상관없이 오로지 능력이 있고 노력만 한다면 충분히 기회를 얻을 수 있다는 믿음이 회사를 버리지 않는 이유다.

한두 명의 상사가 발견해내는 인재의 수는 제한적일 수밖에 없다. 조직의 규모가 커질수록 각 요소마다 배치된 인재들을 제때 발견하고 정확히 평가해내기란 쉽지 않은 일이다. 또한 공정한 경쟁을 통한 인정이 아니라 힘 있는 사람의 추천에 의해 승진자가 선정되면 보이지 않는 줄서기와 인맥, 그에 따른 폐단이 생긴다.

누구든 자신의 능력을 증명할 수 있는 분위기가 허용될 때 능동성과 창조성은 자연스럽게 발현된다.

"모험을
하지 않는 것이
가장 큰 모험이다"

제임스 골드스미스

독보적인 성공을 이룬 사람들은 대개 '상식파괴자'라 불릴 정도의 창의성과, 남들이 가지 않는 길을 찾아 위험을 감수하는 용기를 가졌다. 영국의 전설적인 투자자인 제임스 골드스미스 James Goldsmith는 "누구나 다 하는 것을 이제 시작하려고 한다면 때는 이미 너무 늦었다. 모험을 하지 않으려는 것이 가장 큰 모험이다"라고 말하며 도전적인 투자를 강조했다.

신규 투자를 결정하거나 기업의 사활을 건 새로운 혁신을 시도할 때 모험가 정신이 필요하다는 데는 누구나 쉽게 동의한다.

위험 부담이 클수록 성공했을 때 얻게 되는 이익도 그만큼 커진다는 사실 또한 상식이다.

소프트웨어 업체인 인튜이트가 자산 전체를 다이렉트 마케팅을 위한 광고비용으로 쓰기로 결정했을 때, 자본금 2,400만 원의 레노버가 거대 기업 IBM의 PC사업을 인수하기로 결정했을 때, 그들은 모험을 선택한 대가로 원하던 성공을 맛보았다. 그러나 이들처럼 미래의 성공을 위해 엄청난 위험 부담을 감수한다는 게 결코 쉬운 일은 아니다.

여기서 경영 구루인 피터 드러커의 조언을 되새겨볼 필요가 있다. "모험을 즐기는 이노베이터야말로 누구보다도 보수적인 사람이다. 그들은 리스크를 최소화하기 위해 먼저 리스크가 무엇인지 확실하게 규명한다."

큰 성공을 목표로 하고 있다면 리스크를 피하고 싶은 두려움의 대상으로 바라보면 안 된다. 철저한 분석을 바탕으로 리스크를 관리해나가면서 그 안에 내포된 기회를 잡아내는 시각을 가져야 한다.

"탁상공론에
머물지 말고 행동하라"

078　　　　　　　　　　　　　　　　　　　　　　짐 굿나잇

지난 해 포춘지가 선정한 '미국에서 가장 일하기 좋은 회사' 1위는 새스^{SAS} 인스티튜트라는 소프트웨어 기업이다. 이 회사의 사원복지 프로그램은 구글의 창업자들조차 모델로 삼을 정도로 유명하다. 공원 같은 조경, 호텔 수준의 식당, 전 직원에게 제공되는 개인 사무실 등 직원의 생활 전반에서 최고의 편의를 제공하고 있다. 창업자인 짐 굿나잇$^{Jim\ Goodnight}$ 회장은 조직문화를 하나의 브랜드로 승화시켰다.

보편적 수준을 뛰어넘는 복지 프로그램과 자율적인 조직문

화에 대해 소문이 나자, 이는 새스에 훌륭한 인재를 끌어 모으는 동인으로 작용했다. IT 인재들은 대부분 돈에 의해 움직인다는 시장의 인식이 일반적이던 상황에서 사원 복지에 그렇게 많은 돈을 쏟아붓다 보면 결국 망하게 될 것이라는 예측들이 난무했다.

하지만 짐 굿나잇 회장은 자신의 좌우명대로 탁상공론에 휘둘리지 않고 처음 정한 신념을 실행에 옮겼다. 그러자 경쟁업체보다 특별히 월급을 더 많이 준 것이 아닌데도 조직문화 자체에 매료된 훌륭한 인재들이 모여들었고 그들은 지속적으로 좋은 성과를 창출해내고 있다.

체험을 통해 만들어진 신념은 다른 어떤 것보다 강력하다. 굿나잇 회장은 체험을 통해 얻은 교훈에서 경영철학의 근간을 마련했다. 그는 창업 당시 소비자와 직원을 위한 회사를 만들겠다는 목표를 세웠다.

세상에 없던 일을 시작하려 할 때, 낙관적 예측보다는 비관적 예측에 둘러싸이는 경우가 많다. 위험 관리risk management가 중요하다지만, 새로운 일을 할 때는 위험 부담risk taking의 자세가 더 중요하다. 특히 위험 부담을 피하기 위해 펼치는 탁상공론을 차단하는 것이 위험 관리의 첫 번째 과제다.

"우리는 겉으로 드러나지 않는 기술을 추구한다"

079 카를로 몰테니

이탈리아의 명품 가구회사 가운데 가장 독보적인 개성을 가지고 있는 업체는 바로 몰테니 그룹이다. 삼성의 이건희 회장도 수년 전 디자인 개혁을 주문하면서 벤치마킹 대상으로 이 회사를 언급했다고 한다. 독특하고 차별화된 디자인 덕분에 수많은 회사에서 이곳의 가구를 모방해 만들고 있다. 그런데 이러한 상황에서 이 회사가 가장 중시하는 것이 기술과 마케팅이라는 점이 흥미롭다.

이 회사의 카를로 몰테니Carlo Molteni 사장은 "우리는 겉으로 드러나지 않는 기술을 추구한다. 외양은 베낄 수 있을지 몰라도 숨겨진 핵심 기술은 몰테니만의 것이다"라고 자신감을 드러낸다. 참으로 부러운 역량이다. 창의적인 아이디어가 쉽게 모방돼 창조자의 우월한 지위나 특권이 허락되지 않을 때 기업들은 절망한다. 하지만 처음부터 쉽게 모방할 수 있는 아이디어였다면 참신성 외에 다른 특별한 경쟁력은 없었다고 볼 수 있지 않을까.

개인이든 조직이든 차별화된 경쟁력이 진정한 핵심역량이다. 경쟁적인 각각의 하위요소를 매트릭스 분석을 통해 일대일로 비교한 후 가장 마지막에 남는 게 바로 핵심이다. 다 버리고 마지막에 남은 핵심을 누구나 쉽게 모방할 수 있다면 그 핵심역량이 과연 경쟁력이 있는지 냉정하게 판단해봐야 한다.

세계 유명 디자이너들이 자신의 디자인을 몰테니에 넘기는 이유는 이 회사가 디자이너조차 생각지 못한 숨겨진 기술을 디자인에 담아 작품을 완성하기 때문이다. 정보를 다 내주어도 상대가 쉽게 모방하지 못할 그 무엇이 나의 경쟁력이다. 정보와 사람을 억지로 구속하려고 노심초사하지 말고 자신만의 핵심역량을 확보해야 한다.

"제아무리 어려운 일도
작은 일들로 나누어보면
별로 어려울 것이 없다"

헨리 포드

과거, 규모의 경제 시대에 탁월한 리더십을 발휘했던 헨리 포드 Henry Ford 포드자동차 설립자가 남긴 어록은 정보의 경제 시대인 오늘날에도 설득력이 있다. 목표를 향한 끈질긴 추진력이나 장애를 극복해나가는 과정에서 보여준 그의 능동적 실천력은 오랜 시간이 흘러도 모범이 될 만하다.

그는 어떤 어려운 일도 작은 단위로 나눠 보면 특별히 어려울 것이 없다고 봤다. 맞는 말이다. 예를 들어 올림픽에서 금메달을 따겠다는 목표는 달성하기 어려운 목표처럼 보인다. 하지만 금메달을 따기 위한 목표 기록을 정해놓고 기록갱신을 위한 과정을 목표 삼아 하루 단위로 쪼개놓으면, 충분히 달성 가능한 목표가 된다.

흔히 생각은 크게 하되 시작은 작게 하라고 충고한다. 즉, 성공 가능한 실천 전략을 짜라는 것이다.

가령 기업의 리더들 중에는 대중연설을 잘 하고 싶어 하는 사람들이 많다. 그런데 그들이 원하는 결과를 잘 얻지 못하는 이유는 단번에 해결할 수 있는 특별한 비결을 찾기 때문이다. 그들은 모델이 될 만한 훌륭한 사람도 알고 있고 그 사람들이 어떻게 연설하는지에 대한 행동 특성도 파악하고 있다. 단지 그 성공 요소 중 하나라도 실천해보려는 노력이 생략돼 있을 뿐이다.

마음속에 품은 기대는 '말을 아주 잘 하는 사람이 되고자 하는 것'이지만 말 하는 것 자체를 주저한다. 말을 잘하려는 의도를 가지고 누군가에게 말하기 시작해야 좋은 결과든 나쁜 결과든 발전이 있을 텐데, 완벽한 수준이 아니라면 말할 수 없다는 생각에 앞으로 나아가지 못하고 늘 제자리걸음이다.

큰 성장을 위한 '크고 위험하며 대담한 목표(Big Hairy Audacious Goals)'를 세웠을지라도 그것은 방향 제시일 뿐 실제로 목표를 달성하기 위해서는 실행 로드맵이 필요하다. 성과목표와 연계한 세부적인 과정목표는 성공을 위한 로드맵이 된다.

'말 잘하는 경영자'가 되기 위해 그저 하루에 한 명에게라도 내 뜻을 잘 표현해보겠다는 작은 목표관리를 실천하다 보면 언젠가 훌륭한 연설가의 위치에 도달할 수 있게 된다. 막연한 희망과 두려움이 교차되는 머릿속 계산은 이제 그만하고, 달성 가능한 과정목표를 수립해보자. 이것이 목표 관리의 출발점이다.

"모르는 것을 모른다고 할 때 독창성이 발휘된다"

081   존 마에다

《리더십을 재설계하라》의 저자인 존 마에다 로드아일랜드디자인스쿨RSID 총장은 창조적 리더십의 가치를 강조한다. 창조적 리더십이 가장 탁월한 리더십 모델은 아닐지 몰라도 경영자가 예술가적 기질과 독창성을 겸비하면 이전보다 더 탁월해질 수 있다고 생각하기 때문이다. 그는 앞으로 기술은 더 보편화돼가므로 결국 경쟁력은 예술적 독창성에서 나올 것이라고 믿는다.

그렇다면 창조적 리더는 어떻게 육성할 수 있을까. 그는 '흑백'으로 나뉜 단 하나의 정답을 가르치기보다 확실하지 않아도

'회색'이라는 답을 말하는 데 두려움을 느끼지 않는 환경을 제공하라고 조언한다. 예술가들의 창의성은 동료나 세상의 비평을 통해, 또는 다른 사람의 의구심에 대응하면서부터 길러진다. 끊임없이 '왜'라는 의문을 가질 때 숨겨진 또 다른 해답을 찾을 창의적 공간이 열린다.

그가 MIT대 종신교수직을 버리고 로드아일랜드디자인스쿨 총장직을 수락했을 때 "그래픽 디자인만 하던 사람이 행정적인 일을 잘 해낼 수 있을까?"라는 우려가 있었다. 이러한 시각에 대해 그는 "행정을 배운 적이 없어서 오히려 일을 즉흥적으로 처리할 수 있는 자유와 용기를 가질 수 있을 것이다"라고 답했다. 어떤 일에 준비가 됐다는 것은 연습을 많이 해서 익숙해졌다는 의미뿐 아니라 실패하는 일이 생길지라도 결코 포기하지 않을 확신을 갖고 있다는 의미이기도 하다. 그는 모르는 것을 모른다고 말할 수 있을 때 진정한 지혜와 독창성이 시작된다고 봤다.

물론 모호함과 불확실함을 극복해야 할 과제로 보는 시각도 맞다. 하지만 이들을 단순히 리스크로 치부하지 않고, 발견할 거리가 남은 창조의 영역으로 인정한다면 수많은 도전이 시도될 수 있을 것이다. 또한 모호함을 확실함으로 바꿔가는 과정에서 신랄한 비판과 비평에 대해 열린 마음만 가질 수 있다면, 미처 생각지 못했던 부분에 대한 탐구의 기회도 열릴 것이다.

하지만 성과로 평가받는 기업 조직에서 비판을 받아들인다는 것은 말처럼 쉽지 않다. 때문에 비평받는 것이 개인에게 손해가 되지 않는다는 믿음의 조직문화가 선제적으로 필요하다. 어릴 적 우리의 모습을 떠올려보라. 두려움을 몰랐기에 그 무엇이든 시도할 수 있었다.

"파워포인트 꾸미는 데 시간을 낭비하지 마라"

082 스콧 맥닐리

20년 넘게 선마이크로시스템을 경영했던 스콧 맥닐리Scott McNealy는 자존심이 강하고 자기주장을 분명히 하는 사람이다. 쾌활하고 친절하게 대인관계를 잘할 수 있는 사람이지만 뜻을 같이 하지 않는 사람에게는 거침없이 독설을 퍼붓는 직설적인 면도 있다. 재임 중에 그는 파워포인트 사용 금지령을 내렸다. 화려하고 보기 좋은 프레젠테이션을 싫어한 것이 아니라 그런 보고서를 만드는 데 소요되는 시간과 에너지를 낭비라고 생각했기 때문이다.

차라리 그 시간을 더욱 알차고 창의적인 내용을 준비하는 데 투자하라는 주문이었다. 평소 마이크로소프트를 경쟁자로 의식한 배경도 있었겠지만 분명 일리가 있는 주문이라고 생각한다.

혹자는 국내 경쟁관계에 있는 두 기업의 기본적인 경쟁력 차이를 형식의 차이에서 찾기도 한다. 한 기업은 형식보다는 정보 전달, 내용에 중심을 두고 서술 방식으로 간단히 보고하는 것을 원칙으로 하는 반면, 또 다른 기업은 제대로 형식을 갖춘 화려한 파워포인트 보고서를 선호한다. 앞의 기업은 내용 중심이다 보니 보고서 작성에 시간 투자가 적은 데 비해 다른 기업은 보고서를 눈에 띄도록 멋있게 꾸미느라 상당한 시간을 투자한다. 워낙 일이 많고 바쁘다 보니 보고서 작성할 시간이 없어서 불가피한 경우 외엔 보고를 임의로 생략하는 경우도 있다니 그 고충이 짐작이 된다.

형식은 내용을 담는 그릇이라고 볼 수 있으니 이왕이면 멋있게 눈길을 끄는 보고서가 프레젠테이션의 효과를 증대시킬 수 있다. 그러나 내용이 아닌 형식을 꾸미느라 필요 이상의 시간을 소모해야 된다면 재고의 여지가 있어 보인다. 심지어 화려한 파워포인트 실력이 실제 업무 실력을 과대 포장하는 면이 있다는 비판은 귀담아 들어야 할 의견인 것 같다.

어떤 조직에서든 제때 필요한 보고를 해주는 부하직원이 궁정적인 평가를 받는다. 구두 혹은 간략한 메모로 핵심정보만 제공하도록 허용 받는다면, 상하 간 커뮤니케이션은 보다 빈번하고 원활해질 것이다. 조직 내 정보 흐름이나 소통에 문제가 발견됐다면 혹시 보고 형식이 걸림돌이 된 것은 아닌지 검토해볼 만하다.

"무언가를 시작하는 방법은 말이 아니라 행동이다"

083 월트 디즈니

사람들이 꿈 이야기를 할 때 대표적 사례로 꼽는 것이 월트 디즈니의 디즈니랜드 스토리다. 어릴 적부터 만화에 관심이 많았던 디즈니는 자신이 꿈꾸는 모든 것을 담을 공간으로 디즈니랜드를 구상했다. 그러나 결과를 상상할 수 없는 사람들에게 이 계획은 무모해보일 뿐이었다.

그런데 디즈니는 오히려 많은 사람들이 반대하자 이것이 생각보다 훨씬 더 대단한 아이디어임을 확신했다고 한다. 그는 곧바로 꿈을 현실화하기 위해 전력 질주했다. 디즈니랜드 설립 계획서를 만들어 수백 곳의 은행과 투자회사를 찾아다니며 설득했지만 번번이 실현가능성이 없다는 판정을 받았다.

그럼에도 1955년 7월, 마침내 디즈니랜드가 화려하게 개장을 하자 그곳을 돌아본 사람들은 "어떻게 사람들이 원하는 모든 것을 이 한 곳에 담아낼 생각을 했을까" 하고 그의 아이디어에 감탄했다. 미국인들이 죽기 전에 한 번쯤 가보고 기념사진으로 남기고 싶어 하는 디즈니랜드가 한 사람의 꿈을 통해 실현된 것이다. 디즈니랜드의 성공으로 그는 제2의 디즈니랜드 건설을 기획했다. 하지만 개장하는 모습은 보지 못한 채 폐암으로 사망했다.

화려한 개장식에 참석한 사람들이 꿈의 결실을 보지 못한 그의 죽음을 안타까워하자 그의 부인은 "그 사람이 제일 먼저 이 광경을 본 사람이에요. 그래서 이곳에 제2의 디즈니랜드가 세워진 것이랍니다"라고 담담하게 답했다. 생생한 꿈과 비전의 힘을 보여주는 에피소드가 아닐 수 없다.

위대한 몽상가로 불리던 그는 자신의 삶의 궤적에 대해 "나는 늘 꿈을 꾸며 살았으며, 그 꿈을 이루는 과정에서 숱한 위험을 만났다. 하지만 난 언제나 그 꿈을 현실로 만들기 위해 해야 할 일을 용기 있게 실천하면서 헤쳐 나갔다"고 설명했다. 어릴 때부터 상상력이 풍부하고 그림에 남다른 소질을 보였던 디즈니였지만 부모의 지원을 받지 못했고 제대로 된 교육을 받을 기회도 없었다.

그러나 그는 자신 앞에 놓인 삶에서 자신의 재능을 접목하고 활용하고자 했다. 무엇이든 자신이 상상한 것을 현실로 바꾸어 놓는 일에 몰입했고 그것은 만화에서 영화로, 꿈의 놀이공원으로, 리조트로, 캐릭터 산업 등으로 발전돼나갔다.

꿈이 생생하다면 당연히 행동으로 옮겨지게 된다. 말로만 설명하고 있는 꿈은 공상일 가능성이 크다. 비전과 꿈이 선명하다면 디즈니처럼 이미 상상한 그 결과를 위해 필요한 일을 시작할 수밖에 없다.

"실패란
성공하지 못한 것이 아니라
아무것도 시도하지 않은 것"

084 사라 블레이클리

세계 최연소 자수성가형 여성부자로 2012년 〈포브스〉의 표지를 장식했던 주인공은 보정 속옷회사 스팽스^{SPANX}의 경영자, 사라 블레이클리^{Sara Blakely}다. 창업자금 500만 원을 들고 시작한 사업이었지만 지금은 세계가 주목하는 속옷회사로 키워냈고, 자신도 억만장자 명단에 이름을 올리는 성과를 거두었다.

〈타임〉지 기자가 세계에서 가장 영향력 있는 100인으로 꼽힌 그녀에게 성공의 비결을 물었더니 그는 "실패를 두려워하지 않은 것"이라고 대답했다. 처음 사업 아이디어를 구상했을 때, 주변에서 반대할 것이 뻔했기 때문에 1년 동안 아무도 모르게 아이디어를 구체화시켜 나갔다고 한다.

그녀는 의지가 강했고 독립적으로 사고할 수 있는 능력을 지녔다. 그리고 아무도 시도하지 않은 일을 하는 데 주저하지 않았다. 그녀의 첫 작품인 발목 아래 부분을 잘라낸 스타킹은 많은 여성의 호응을 받았다. 한번쯤 생각해봤을 불편함을 직시하고 개선 아이디어를 실행에 옮긴 것이다.

승부처는 세상에 없던 새로운 아이디어를 찾아내는 것이 아니라 남들이 생각만 하고 시도하지 않은 것을 먼저 해보는 것이다. 그녀는 창조적인 생각을 가로막는 제1요인으로 두려움을 꼽았다. 실패를 두려워하는 순간 패배를 예약하는 것과 다름없다. 그녀가 특별히 남달랐던 점이라면 부모로부터 '실패란 성공하지 못한 것이 아니라 아무것도 시도하지 않은 것'이란 관점을 물려받은 것이다.

창업을 하기 전에는 놀이동산 직원, 외판원 등 여러 가지 일을 시도하고 경험했다. 그녀의 성공은 한순간 운이 좋아서 이뤄진 것이 아니라 노력에 노력을 거듭하며 성장, 발전해온 결과다. 그녀에게 인생 최고의 업적을 소개해달라고 했을 때 그는 "지금까지 살아온 과정 하나하나가 다 업적"이라고 대답했다. 삶의 궤적과 태도를 짐작하게 하는 대답이다. 자신이 만든 상품에 관심을 보이지 않는 바이어를 설득하기 위해 눈앞에서 직접 속옷을 입어 보이는 적극성으로 납품 기회를 잡았다는 일화는 그녀의 방식을 웅변해준다.

  단순한 진리는 오히려 외면당하기 쉽다. 너무 뻔해서 비법으로 다가오지 않기 때문이다. 성공하려면 무언가를 시작해야 한다는 것은 초등학생도 알고 있을 만한 상식이다. 실패를 완벽히 피하는 방법은 아무것도 시도하지 않는 것이다. 그렇지만 그것이 성공의 동의어라는 뜻은 아니다.

"재미는
창의적인 생각을 불러온다"

085　　　　　　　　　　　　　　　　　　　　　　　　이토 신고

창의적 사고는 몰입의 순간에 작동한다. 그리고 재미있는 일을 할 때 쉽게 몰입의 상태에 다다른다. 그래서 열심히 하는 사람이 즐기는 사람을 이기지 못한다는 비유는 적절하다. 창의적인 사람들의 공통된 특징 가운데 하나는 명석함과 천진난만한 엉뚱함이 공존한다는 점이다. 재미와는 거리가 있을 것 같은 식품 제조 분야에서 기발한 엉뚱함으로 대박을 터뜨린 이토 신고#藤眞吾 사장의 이야기도 그런 면에서 흥미진진하다.

그는 아무리 맛있게 만들어봐야 두부는 두부일 뿐이라는 세

상 사람들의 생각에 맞서 두부에 개성을 부여하기로 결정했다. 아무 상관도 없어 보이는 남자와 두부를 이종 결합시켜 '오토코마에(남자다운) 두부'라는 브랜드를 탄생시키면서 일약 히트상품 제조자로 등극했다. 덕분에 일반 두부와 오토코마에 두부로 자연스레 시장이 구분되는 결과를 만들어냈다. 그가 했던 시도들은 본인 입으로도 '생뚱맞고 시건방진 차별화 전략'이라고 표현할 정도로 기발하고 독특했다.

마케팅 전공자가 아니었음에도 그가 추구한 마케팅과 영업 방식은 마케팅 전공자들의 사례 연구대상이 될 만큼 주목을 받았다. 그의 독창적이고 도발적인 시도들은 학습에 의한 '앎'에 기반한 것이 아니라 자신의 '삶'의 방식과 관점에서 출발했으므로 앞으로 새로운 아이디어를 창출하는 데에도 한계가 없어 보인다. 이처럼 끊임없이 새로운 아이디어를 쏟아낼 수 있었던 것은 모든 것을 새롭게 비틀어보는 습관 덕분이다.

그의 생활 모토가 '재미없는 일은 하지 않는다'일 정도로 그는 늘 장난치듯 새로운 재미를 찾아냈다. 오랜 세월 두부회사를 경영한 아버지를 끝까지 설득해보겠다는 고집을 피우지 않고 독립한 뒤 자기 회사를 차린 것도 옳은 선택인 듯하다. 창의적인 개인을 보호하는 방법은 기존의 조직과 분리해 독립된 조직을 만들어주는 것이다. 창의적인 사람들이 기존 상식으로 무장된 사람들을 설득하는 데 시간을 허비하게 하기보다는 자신의 아이디어를 처음부터 끝까지 독자적으로 실현해볼 수 있는 장을 마련해주는 것이 낫다.

진지한 사람들에게 재미를 추구하는 사람은 실없고 불편한 사람일 수 있다. 어린아이 같은 천진함은 비평가들의 평가 때문에 오염되고 흐려질 수 있다. 프레임이 다른 사람들의 비평에 대응하느라 창의적인 사람들의 진을 빼게 하지는 말아야 한다.

"아이디어가 있다면
끝까지 포기하지 말라"

086   킹 캠프 질레트

이전에 없던 새로운 상품이 개발되면서 시장 자체가 새롭게 창조되는 경우가 있다. 1900년대 초 질레트가 일회용 면도기를 개발했을 때가 그랬다. 전에 없던 일회용 면도기 시장이 형성되고 질레트는 대표 브랜드가 됐다.

  이 회사는 창업자 킹 캠프 질레트King Camp Gillette가 급하게 면도를 하다가 얼굴을 베이면서 보다 안전한 면도기가 있었으면 좋겠다는 생각을 하면서부터 시작됐다. 막연하게 스치듯 지나가는 아이디어였지만 그는 자신의 생각을 제품으로 만들 결심을

굳히게 된다. 주변 사람들에게 의견을 물었을 때 모두 미친 짓이라고 할 만큼 시대를 앞지른 생각이었지만 그는 끝까지 생각을 현실화시켜 나갔다. 이 아이디어가 제품화될 때까지 무려 6년이란 시간이 걸렸지만 그는 포기하지 않고 결국 성공을 거뒀다.

그는 "아이디어가 있다면 절대로 포기하지 말라"고 말한다. 아무리 좋은 아이디어를 가졌다 할지라도 제품으로 만들어지지 않으면 그냥 지나가는 생각일 뿐이라는 것이다. 사람들은 경험하지 못한 세상에 대해선 신뢰보다 의구심을 먼저 갖는다. 질레트의 아이디어에 대한 사람들의 반응은 시큰둥했다. 자신들이 알고 있는 것이 면도기의 전형이라고 생각했기 때문에 안전한 면도기에 대한 기대를 전혀 갖지 못했다. 창조적인 인물은 미지에 대한 호기심과 모험심이 있는 인물이다. 남들의 시선과 평가로부터 초연할 수 있는 독립성도 이들에게 필요한 자질이다.

그러나 아무리 창조적 인물이라 할지라도 거듭되는 실패에 좌절하지 않고 묵묵히 앞으로 나아가기란 쉽지 않다. 왜냐하면 사람은 감정에 대한 또 다른 감정을 가지기 때문이다. 하나의 실패로 좌절과 우울한 감정이 생기면 그 기분에 대해 염려하고 걱정하는 또 다른 감정의 악순환이 생긴다. 실패에서 벗어나지 못하는 사람은 실망한 감정의 꼬리를 자르지 못하기 때문이다.

실망한 끝에 부정적인 감정이 꼬리를 물고 생겨날 때는 막연히 두려워하거나 염려하지 말고 자신의 감정을 똑바로 쳐다보라. 왜 그런 기분이 드는 건지 자신에게 물어보라. 이유가 선명하게 드러나면 그 감정에서 벗어나기 쉬워진다. 부정적인 감정이 자신을 사로잡지 않도록 차단하는 것은 성공을 위한 사소하면서도 매우 중요한 전략이다.

"성공의 이유는
언제나 학습한다는 데 있다"

087   데이비드 페리

"창업할 때 가졌던 정보가 3, 4년이 지난 후에도 유효한 경우는 5%밖에 안 될 것이다. 우리가 성공할 수 있었던 비결은 언제나 새롭게 학습했다는 데 있다."

온라인 B2B 전문 기업인 컴덱스의 데이비드 페리[David Perry] 최고경영자의 말이다. 미래학자 앨빈 토플러는 "21세기 문맹은 읽고 쓰지 못하는 사람이 아니라, 배우려 하지 않고 낡은 지식을 버리지 않으며 재학습하지 않는 사람을 뜻하는 말이 될 것"이라고 예견했다. 세상에 변하지 않는 것이란 없고, 기업에 필요한 정보는 실시간으로 업데이트되고 있다. 하버드비즈니스스쿨에서 강조하듯이 오늘의 정의가 내일의 부정이 되는 경우도 허다하다.

이런 상황에서 조직구성원들이 가진 지식의 총량은 '현재 지식의 합'이 아니라 지식 탐색의 역량과 의지의 총합으로 표현해야 옳다. 중요한 변화와 도약을 위해선 모든 조직원이 새로운 배움에 적극적이어야 하며 경영자는 직원들이 기존의 쓸모없게 된 지식을 과감히 버리도록 이끌어야 한다.

월마트의 재고관리 정보기술 시스템은 늘 다른 회사들의 벤치마킹 대상이 될 정도로 정교하다. 지금은 모두가 부러워하는 기술이 되었지만, 처음 이 기술을 도입했을 때 월마트가 부딪힌 가장 큰 난제는 시스템 자체의 버그bug가 아니었다. 그것은 바로 기존 작업 방식에 익숙한 사람들이 새 기술을 쓰도록 하는 것이었다.

사람은 누구나 변화에 저항하고 익숙함을 고수하려는 습성이 있다. 혁신을 지향하는 리더는 새로운 제도나 시스템을 도입하기 전에 어떻게 직원들에게 변화의 당위성을 설명하고 그들을 설득할 것인지를 고민해야 한다. 이를 위해서는 리더 자신부터 '어제의 지식'을 과감히 내려놓는 비움의 솔선수범을 보일 필요가 있다.

"실행하지 않기 때문에
성공하지 못하는 것이다"

088 게리 헤이븐

여성전용 헬스클럽 프랜차이즈인 커브스는 역발상의 성공 사례로 꼽힌다. 여성전용이라는 아이디어가 성공의 훌륭한 모티브로 작용했는데, 이것만이 성공의 유일한 변수는 아니다.

창업자 게리 헤이븐Gary Heaven은 20대 초반에 여성전용 헬스클럽을 운영하다가 크게 실패한 경험이 있다. 엄청난 부를 거머쥐었다가 한순간에 잃어버린 쓰라린 경험 속에서 그는 비전 못지않게 중요한 것이 경영철학과 가치임을 깨달았다.

그는 가맹점주와 회원 모두에게 도움이 되는 비즈니스를 하겠다고 생각하며 방향을 틀었고, 새로운 관점으로 세상을 보게 됐다. 여성이라는 고객군을 사업 성공을 담보할 조건으로 보지 않고 오직 여성회원들의 만족 극대화를 위해 노력했다. 거울, 남자, 화장이 필요 없는 3무 콘셉트는 여성의 입장에서 편의성을 최적화한 결과물이다.

커브스의 가맹점주 대부분이 회원으로 출발했다는 점만 보더라도 고객만족 수준을 가늠케 한다. '30분짜리 순환 운동 프로그램'이라는 이름을 붙인 단순한 비즈니스 모델로 80여 개국 1만 개가 넘는 프랜차이즈 그룹으로 성장한 것은 상상 이상의 결과다.

이 회사의 창업자 게리 헤이븐은 자신의 성공에 대단한 비법이 있는 것이 아니라고 말한다. 그는 누구나 성공할 수 있지만 대부분의 사람이 성공하지 못하는 이유는 제대로 실행하지 않기 때문이라고 강조한다. 커브스가 성공하자 수많은 경쟁자가 비즈니스를 모방했지만 그 때마다 커브스는 새로운 아이디어로 한걸음 앞서나가고 있다.

평범한 사람들도 일상의 생활을 더욱 편하게 하거나 욕구를 충족시켜줄 기발한 아이디어를 낼 수 있다. 다만 보통 사람들은 공상만 하다가 금세 잊어버린다. 그러다 자신이 언젠가 생각했던 아이디어를 비즈니스로 성공시킨 누군가를 보면 마치 자기 아이디어가 도용되기라도 한 것처럼 야단스럽게 아쉬워한다.

   게빈 헤이븐은 어느 분야에서건 성공하고 싶다면 끝까지 물고 늘어져야 한다고 말한다. '구슬이 서 말이라도 꿰어야 보배'라는 속담처럼 무언가 새로운 아이디어가 떠올라 가슴이 설렐 때 끝까지 집요하게 물고 늘어지는 습관을 가져보자. 아이디어는 저절로 생장하는 것이 아니다. 마치 아이를 양육하듯이 잘 자라 열매를 맺을 때까지 키우고 돌봐줘야 한다.

The words that great CEOs left us **긍정의 힘으로 위기에서 벗어난 리더들의 한 마디**

극/복/하/라 5

"직원이 원하는 곳에서 원하는 일을 하게 해주면 업무성과는 저절로 좋아진다"

089 리카르도 세믈러

조직을 효율적으로 운영하고 싶다면 직접 관리하는 쪽이 좋을까, 통제가 좋을까, 아니면 위임하고, 자율적으로 맡기는 편이 좋을까? 잭 웰치처럼 '리더란 회사를 속속들이 알고 통제해야 한다'는 부류도 있지만, 한 명의 리더가 모든 것을 맡는 데는 한계가 있으므로 적절한 권한 위임이 필요하다는 주장도 만만찮은 설득력을 갖고 있다.

리카르도 세믈러Ricardo Semler는 브라질의 선박용 모터 제조회사 셈코의 최고경영자로, 자율 운영의 극단을 보여주고 있다.

그는 월급과 출근시간, 심지어 업무에 대해서도 통제하거나 관리하지 않고 철저히 직원 개인이 알아서 선택하고 결정하도록 한다. 그런데 신기하게도 조직의 규율이 무너지지도 않고, 직원들이 업무를 소홀히 하지도 않는다. '법' 없이도 셈코는 나름의 질서를 유지하고 운영되고 있으며, 연평균 40%의 성장률을 자랑한다.

세믈러는 "직원이 원하는 곳에서 원하는 일을 하게 해주면 업무 성과는 저절로 좋아진다"는 믿음을 갖고 있다. 그는 CEO의 뜻은 최고경영자(Chief Executive Officer)가 아니라 최고 효소 임원(Chief Enzyme Officer)이라고 말한다. 자신은 조직 활성화를 위한 촉매제일 뿐이라는 뜻이다. 이는 회사란 조직원들의 자율과 열정으로 발전하며, 리더는 촉매제(촉진자)로서의 역할만 하면 된다는 경영철학의 표현이다. 그리고 그 믿음은 뛰어난 성과로 열매를 맺고 있다.

입으로 권한 위임을 강조하는 리더는 흔하지만 그것을 실제로 온전히 실천하는 사람은 드물다. 많은 리더들이 부하직원에게 일을 맡겨봤다가 기대에 못 미치면 금세 권한을 회수해버린다. 심지어 일을 잘하는 직원에게 사사건건 간섭하며 자신의 통제권을 확인하려는 사람도 있다. 이런 사람들은 세믈러 경영철학의 교훈을 진지하게 생각해봐야 할 것이다.

"리더의 분위기는
순식간에 전염된다"

마이크 해리스

걱정이 많고 자신감이 없는 리더는 그 자체로 조직의 장애물이 된다. 퍼스트 다이렉트 은행의 창립자 마이크 해리스Mike Harris는 "리더의 분위기는 전염성이 강해 마치 산불처럼 순식간에 조직 전체에 퍼질 수 있다. 리더는 부지불식간에 분위기를 망칠 수도, 띄울 수도 있다"고 지적했다.

리더는 자신이 '온몸으로' 커뮤니케이션을 하고 있다는 사실을 알아야 한다. 말로는 비전을 외치고 목표를 강조하는 리더가 어두운 표정과 축 처진 어깨로 걸어 다닌다고 생각해보자. 그의 휘하에 있는 부하직원들은 조직에 비전이 없으며, 목표달성이 쉽지 않을 거라고 판단할 것이다.

앨버트 메러비안 미국 캘리포니아대 교수는 실험 연구를 통해 '타인과의 대화에서 말이 미치는 영향력은 7%에 불과한 반면 목소리나 표정, 태도가 미치는 영향력은 93%나 된다'는 사실을 밝혀냈다.

조직구성원들은 리더가 기분이 좋고 자신감이 넘칠 때 그를 둘러싼 모든 것을 긍정적으로 본다. 이런 리더 밑에서 일하는 사람들은 목표 달성을 낙관하고 창조적이며 능률적으로 일하려 한다. 리더의 존재 자체가 하나의 메시지이기 때문이다.

그러므로 리더는 언제나 자신의 에너지가 긍정적으로 유지되도록 관리할 책임이 있다. 과학자들은 인간의 뇌에 감정이입empathy에 관여하는 거울신경세포mirror neuron가 있다고 말한다. 다른 사람의 몸짓을 보거나 말만 듣고도 그 사람과 같은 느낌을 받을 수 있는 것이 바로 이 세포 때문이라는 것이다. 거울신경세포는 부하직원이 리더의 행동을 그냥 구경만 하는 게 아니라, 무의식적으로 따라 하게 만든다. 이것이 바로 리더가 '긍정 바이러스'의 전파자가 되어야 하는 이유다.

"주도권과 결정권을 직원에게 넘겨라"

호스트 슐츠

서비스 품질의 전설적 사례로 자주 언급되는 리츠칼튼 호텔에서는 직원을 CEO보다 소중하게 여긴다. 리츠칼튼 호텔 체인의 설립자이자 초대 회장인 호스트 슐츠Horst Schulze는 새 호텔을 개장할 때마다 직접 오리엔테이션을 진행한다. 그는 전 직원을 모아놓고 중요한 한 가지 질문을 던진다. "이 호텔에서 누가 더 소중한 사람입니까? 여러분입니까, 저입니까?" 물론 정답은 직원이다. 이는 직원들을 회사의 이익창출 수단으로 보는 것이 아니라 회사의 중요한 일부로 존중한다는 메시지다.

누군가 슐츠 회장에게 서비스 품질을 유지하는 비결을 묻자 그는 "현장 직원들에게 주도권과 결정권을 주는 것"이라고 답했다. 리츠칼튼에서는 최하위 직급자도 고객 불만을 해결하기 위해 상급자의 승인 없이 2,000달러를 쓸 수 있는 권한이 있다. 정식 절차를 밟느라 시간이 걸리고, 최종 결재가 난 후에야 해결해주겠다고 유예하는 서비스가 아니라 고객이 원하는 바로 그 순간에 만족감을 주기 위해서다. 이런 현장 직원의 즉각적인 대응은 고객으로 하여금 서비스 품질과 만족도를 최고로 느낄 수 있도록 끌어올리는 역할을 한다.

많은 경영자들이 직원들에게 오너십ownership을 가져달라고 주문한다. 그러나 대부분의 리더들은 오너십이 목소리에 힘을 실어 당부한다고 생기는 것이 아니라 그것을 인정해줄 때 발휘된다는 사실을 간과한다. 간혹 직원이 열렬한 오너십을 발휘할 때 경계심을 발동하는 답답한 오너들도 있다.

때때로 현장에서 직원들의 비非자발성과 수동적인 태도를 개탄하는 경영자를 만나곤 한다. 그럴 때마다 이렇게 되묻고 싶다. "일을 결정하고 문제를 해결해나갈 주도권을 직원에게 넘겨준 것이 확실합니까?"

"나는 배운 게 없기 때문에 모르는 게 없다"

092   마쓰시타 고노스케

자수성가한 경영자들 중에는 학력에 대한 콤플렉스를 가진 사람이 의외로 많다. 일본에서 꽤 유명한 경영자인 마쓰시타 고노스케松下幸之助 회장도 예외는 아니어서 초등학교 중퇴라는 자신의 학력을 보완하기 위해 애쓰곤 했다. 그는 직공으로 일하면서 간사이 상공학교 야간부에 입학했지만 공부가 그의 적성은 아니었던지 예과를 변변치 않은 성적으로 졸업했다. 그 후 그는 본과에 입학했지만 자신의 한계를 깨닫고 중퇴했다.

그러나 고노스케 회장은 자신의 학력과 배움이 부족하다고

좌절하지 않았고, 오히려 '학력 장식'을 위한 공부를 계속하지 않은 덕분에 지식이 아니라 지혜를 추구할 수 있었다고 말한다. 배운 게 없다는 자기인식은 순수하게 다른 사람들의 말에 귀를 기울일 수 있게 해줬고 끊임없이 새롭게 배우고 흡수하려는 노력으로 승화됐기 때문이다. 결국 그는 만년에 이르러 "나는 배운 게 없기 때문에 모르는 게 없다"라고 떳떳하게 말할 수 있는 경지에 이르게 된다.

자신의 약점을 감추기에 급급하기보다 인정하고 수용할 때 성장의 기회가 마련된다. 주변을 살펴보면 자신의 형편없는 학력이 드러날까 봐 몰라도 아는 척 허세를 부리는 사람들이 있다. 그런 이들은 자기 자신을 온전히 믿지 못하기 때문에 고학력자의 조언을 무조건 받아들였다가 낭패를 보기도 한다. 자신을 있는 그대로 인정하고 개방한다면 약점은 더 이상 콤플렉스가 되지 않는다.

'천재는 천치에게서도 무언가를 배울 수 있는 사람이고 천치는 천재를 옆에 두고도 아무것도 배우지 못하는 사람이다'라는 말이 있다. '노력보다 뛰어난 천재는 없다'고 말하며 늘 주변 사람들을 통해 한 가지라도 배우려고 애썼던 고노스케 회장의 조언을 되새겨봐야 할 것이다.

"외부에서 준비된 해결책을 찾자"

093 롭 맥이웬

1999년, 롭 맥이웬Rob McEwen은 파업과 금광 고갈로 파산 지경에 이른 캐나다 금광회사 골드코프의 경영을 맡았다. 채굴업에 대해 경험이 전혀 없는 뮤추얼 펀드매니저 출신이었던 롭 맥이웬은 '내부에서 해결책을 찾기보다는 외부에서 준비된 해결책을 찾는 게 낫겠다'고 판단했다.

2000년 3월, 맥이웬은 사내외의 반대를 무릅쓰고 '골드코프 챌린지'라 불리는 콘테스트를 열었다. 이 콘테스트를 통해 골드코프는 1948년부터 축적해온 자신들의 탐사 자료를 정보 욕심이 많은 전 세계 지질학자들에게 공개했다. 대신에 이들 학자들이 유망 채굴 지점을 분석해 회사에 알려주도록 했다.

결과는 대성공이었다. 전 세계 지질학자들은 골드코프의 자료 제공에 환호했고, 자신의 실력을 자랑하고픈 50개국의 전문가 100여 명이 몰려 총 110곳의 채굴 후보지를 경쟁적으로 찾아냈다. 이들이 찾아낸 후보지의 80%에 해당하는 지역에서 무려 220톤의 금이 쏟아졌다. 매출 1억 달러 규모에 불과하던 골드코프는 이 콘테스트로 인해 매출 90억 달러의 거대 기업으로 탈바꿈할 수 있었다.

마땅한 해결 대안이 없어 보이는 막막한 상황에서는 문제해결의 전제 자체를 이동시키는 것이 새로운 아이디어를 창출하는 전환점이 될 수 있다. 당시 채굴업자들은 광산 탐사 자료는 누구와도 절대 공유할 수 없는 지적 자산으로 여겼다. 그러나 맥이웬은 '정보 보호'가 아닌 '정보 활용'에서 해결책을 찾고자 했다. 그는 정보를 보유하고 있는 것 자체가 경영성과를 보장해주지 않는 상황을 정확히 인지하고 오히려 이 정보를 효과적으로 공유할 때 더 좋은 성과를 낼 수 있다고 판단한 것이다.

때로 기업의 바깥에는 내부의 지능과는 비교할 수 없는 거대한 지능이 존재한다.

"강점 위에 구축하라"

피터 드러커

회사에서 인재를 채용할 때는 강점을 가진 사람을 위주로 뽑는다. 그런데 최고의 강점을 가진 인재를 뽑은 다음에는 약점에 초점을 두고 취약점 개선을 위해 교육훈련을 시킨다. 그렇게 약점 개선을 위해 집중하다 보면 자신의 본래 강점이 무엇이었는지 잊어버리곤 한다.

경영학의 대가로 일컬어지는 피터 드러커 교수는 '강점 위에 구축하라'는 명언을 남겼다. 그는 "강점을 잘 활용하기 위해 때로는 약점을 못 본 척할 필요가 있다"고 강조하면서 그 예로 남

북전쟁 당시 링컨이 내린 인사결정 사례를 인용한다. 링컨 대통령이 그랜트 장군을 신임 총사령관에 임명하고자 할 때 주위에서는 깜짝 놀라 왜 하필 그 사람이냐고 물었다고 한다. 술 마시는 사람을 몹시 싫어하는 링컨이 소문난 주당인 그랜트 장군에게 총사령관이라는 중책을 맡긴다는 게 믿을 수 없는 일이었기 때문이다. 이에 링컨은 "그 사람에게 단점이 없어서가 아니라 어떤 장점이 있는가를 판단 기준으로 삼았다"며 "그랜트 장군은 전쟁터에서 장군으로서의 능력을 이미 증명해보인 사람이다. 그것으로 충분하지 않은가"라고 응수했다.

모든 면에서 나무랄 데 없이 완벽한 사람을 찾기는 어렵다. 그러나 특정 분야에서 남다른 강점을 가진 사람은 상대적으로 찾기 쉽다. 가령 좋은 작품을 만들고 싶은 감독이라면 성격이 아무리 까다로운 사람이라도 연기를 잘 하는 배우를 캐스팅해야 하는 것이다.

단, 뚜렷한 강점을 가진 사람도 그에 못지않은 도드라진 약점을 가진 경우가 있으니 강점이 과잉 사용되지 않도록 관리해야 한다. 강점만 지나치게 부각하다 보면 그것이 또 다른 약점을 잉태할 수도 있다. 목소리 톤을 자유자재로 조절할 수 있듯 강점의 볼륨을 조절할 줄 아는 분별력이 함께 필요한 이유다.

"규칙을 최소화하는
자제의 미덕이 필요하다"

095   폴 거진

 매년 8월이 되면 전 세계 수많은 예술가와 프로듀서, 그리고 관광객들이 스코틀랜드 애딘버러로 몰려든다. 세계 최고의 예술 축제로 기네스북에 기록된 바 있는 '에딘버러 프린지 페스티벌'이 열리기 때문이다. 프린지 페스티벌은 1947년에 8개의 극단이 자발적으로 모여 공연을 시작했던 것처럼, 63회를 이어오는 오늘날에도 자발적 운영 원칙에는 변함이 없다.
 주최 측에서는 참가자에게 특별히 지원해주는 것이 없다. 기획과 광고, 대관, 공연의 전 과정을 참가자들이 자비를 들여 운

영해야 한다. 그런데도 해마다 참가자가 늘어 현재는 1,800개가 넘는 공연이 펼쳐지곤 한다. 우리나라에서 만든 유명한 공연 '난타'도 기획자인 송승환 씨가 친구에게 빌린 돈으로 어렵게 이 페스티벌에 참가해서 세계적인 명성을 얻는 교두보를 마련했었다.

그렇다면 프린지 페스티벌을 움직이는 동력은 무엇일까? 창의성과 선의의 경쟁을 독려하는 자발적 참여의 구조가 핵심이라고 한다. 참가자들은 치열하게 경쟁하지만 전체적으로는 조화롭게 하나의 페스티벌이라는 틀 안에서 움직인다.

페스티벌의 총감독인 폴 거진(Paul Gudgin)은 프린지 페스티벌의 특성을 가장 잘 유지하고 보호하는 방법을 다음과 같이 소개했다. "주최 측에서 통제하고 간섭하고픈 리더십 본능을 자제하고 행사 주최에 필요한 최소한의 역할만 하는 것이 프린지 페스티벌이 유지될 수 있는 단 하나의 비결이다."

즉, 축제의 성격을 규제하거나 운영과정을 통제하는 규칙을 최소화하고 참가한 예술가와 관객이 페스티벌을 결정하도록 내버려두었더니 창의성이 무한 확장되더라는 것이다.

조직의 창의성을 높이고 싶으면서도 일사불란한 조직 운영도 중요하다고 생각한다면 진정한 창의적 조직을 만들기 어렵다. 큰 조직일수록 관리가 가능한 창의성을 기대하는 경우가 많다.

그렇지만 성공을 보증할 수 있어야 새로운 시도를 인정받는 환경이라면 이전에 한 번도 생각해보지 못한 새로운 아이디어나 접근법은 빛을 보기 어렵다. 상사가 가진 경험의 필터를 통과하지 못하면 더 이상 창의는 없고 문제만 남게 되는 환경 속에서 창의적 인재는 조직에 적응하지 못하고 튕겨져 나가게 된다. 창의적 인재가 활약하기 위해서는 규제와 관리의 유혹을 이겨낸 창의적 상사가 필요하다.

"적당한 걱정은
나의 스승이자 모티베이터"

096   랄스 람크비스트

스웨덴의 무선통신기업 에릭슨의 전前 최고경영자인 랄스 람크비스트Lars Ramqvist는 눈앞의 성과에만 집착하던 경영이사회에 맞서 미래를 준비하는 연구개발 투자에 집중했다. 이 때문에 그는 늘 비난과 비판의 불편함을 감수해야 했다. 주변의 동의를 얻지 못하는 의사결정을 한 후 끝까지 추진해나가는 것은 말처럼 쉬운 일은 아니다.

이사회의 반대를 무릅쓰며 매년 20%씩 연구개발R&D 투자를 결정하고 미래를 준비한 결과, 1991년 에릭슨의 범유럽 표준이

동통신 시스템^{GSM}이 유럽 이동통신의 표준으로 선정되었다. 그리고 그 순간부터 폭발적 매출 성장을 기록할 수 있었다.

이 모든 성과는 지금 당장의 이익 감소를 염려해서 연구개발에 투자하지 않는다면 결국 통신시장에서 밀려날 수밖에 없을 것이라는 람크비스트의 우려가 적중한 덕분이다. 주변에서 고집스럽다고 할 정도로 강한 추진력을 가졌던 그는 "적당한 걱정은 나의 스승이자 모티베이터다. 적당한 걱정이란 목적이 있는 건강한 걱정을 말한다. 적당한 걱정이 동력이 되어 성과를 극대화시켜준다"고 주장한다.

훌륭한 리더들은 대부분 변화와 불확실성을 포용하는 태도를 가지며 적당한 걱정거리를 찾아 나선다. 그들은 안정된 환경에서 얻는 편안한 성과에 머물기를 거부하고 변화의 불편함을 적극적으로 감수한다. 그들의 적당한 걱정은 실패에 대한 두려움이나 신경증적인 완벽주의 때문이 아니라 더 나은 발전을 위한 목적 지향적인 것으로 한계를 뛰어넘고 비범함을 발휘하게 만드는 비밀 요소다.

"일과 즐거움 사이의
균형이 필요하다"

097　　　　　　　　　　　　　　　　　　　리처드 브랜슨

자기 회사의 제품을 광고하기 위해 웨딩드레스를 입는 남자, 거품 없는 정직한 서비스임을 알리고 싶어서 홀딱 벗은 몸에 휴대전화를 매달고 즐겁게 광고하는 남자, 이 괴짜 같은 사나이는 바로 영국 버진그룹의 회장 리처드 브랜슨Richard Branson이다.

창조적 괴짜의 전형이라고 일컬어지는 리처드 브랜슨 회장은 자신의 독특한 개성personality을 기업의 브랜드에 전이시켜 창조적이고 개성 넘치는 기업 이미지를 만들어냈다. "버진의 상품을 사는 소비자들은 사실은 리처드 브랜슨을 사는 것이다"라

는 말이 유행할 정도로 그가 유명세를 탈수록 버진의 상품 또한 유명해졌다.

브랜슨 회장은 자신의 사업을 스스로 즐기는 경영자 중 하나다. 그는 일과 즐거움을 하나로 보고, 자신의 사업 전개방식의 핵심을 '재미'로 꼽았다. 일을 하는 사람이 재미있어 해야 그 일이 성공하며, 재미가 없다면 일을 바꿔야 한다고 말할 정도였다. 브랜슨 회장은 늘 흥미와 호기심을 자극하는 순간에 몰입했고 그 안에서 새로운 사업기회를 만들어내곤 했다. 물론 그가 시작한 모든 사업이 성공한 것은 아니었다. 그러나 그는 위기의 순간이 닥쳐와도 좌절하거나 포기하는 대신에 문제를 해결해 나가는 과정 자체를 즐기는 여유를 보였다.

브랜슨 회장이야말로 일과 즐거움이 하나일 수 있음을 실천적으로 보여준 리더다. 일반적인 기업의 리더들에게 많이 나타나는 책임감과 사명감도 조직을 이끌어가는 동력 중 하나지만, 일 자체를 즐기는 것만큼의 에너지를 선사하기는 어렵다. 일을 온전히 즐기면서 몰입하게 되면 자나 깨나 앉으나 서나 한 가지 생각만을 할 수 있는 상태가 된다. 부하 직원에게 단순히 즐겁게 일하라고 주문하는 것보다 리더가 자신이 펼쳐 보일 꿈과 하고자 하는 일을 즐거움에 겨워서 하는 모습을 보여주는 것. 이것이야말로 조직의 더 큰 에너지로 작용하지 않을까 싶다.

"대접받고 싶은 대로
먼저 대접하라"

098　　　　　　　　　　　　　　　　　　　　메리 케이 애시

'절대 그만 두고 싶지 않은 직장, 다시 태어나도 다니고 싶은 회사'는 과연 어떤 회사일까. 화장품 회사 메리 케이의 직원들은 자신들이 다니는 회사에 대해 실제로 이런 평가를 내리고 있다고 한다. 이 회사의 창업자인 메리 케이 애시(Mary Kay Ash)는 "대접받고 싶은 대로 먼저 대접하라"를 기업 철학으로 삼고 스스로 솔선해 실천했다.

그녀는 직원들의 마음을 얻기 위해 넉넉한 판매 수수료와 후한 포상, 지속적인 교육훈련을 제공했다. 훌륭한 인재는 언제든

다른 선택을 할 수 있다는 사실을 잊지 않고, 직원들이 만족할 만한 조건을 충족시키려 노력한 것이다.

그가 직원을 존중하는 마음을 전달하는 데 활용한 두 가지 기술은 바로 경청과 칭찬이었다. 그는 경청만큼 상대방을 존중해주는 방법은 없다면서 늘 직원들의 의견에 귀 기울였다. 사소한 메일이나 메시지에도 반드시 회신을 했다. 또한 작은 제안일지라도 칭찬해주는 노력을 게을리하지 않았다

가끔 좋은 조건으로 대우해주는데도 회사를 떠나는 직원들을 이해할 수 없다고 불평하는 리더들을 만난다. 이런 리더들은 인재는 단지 급여나 근무환경이 좋은 곳을 찾아 떠나는 게 아니라 못된 상사를 피해 떠난다는 사실을 알아야 한다.

자신은 원칙 없이 비용을 물 쓰듯 쓰면서 직원들에겐 절약을 강조하고, 심지어 비용보고서를 일일이 훑어가면서 잔소리를 하거나 통제하는 관리자들이 있다. 상사가 자리를 비우면 함께 사라지는 관리자도 있다. 자기가 궁금하면 아무 때나 물어보고 대답을 채근하면서 직원들이 궁금해 하는 것에는 영 관심이 없는 관리자도 있다. 이런 관리자와 함께 일해야 하는 직원에게는 물질적인 보상이 직장생활을 지속하는 데 더 이상 위로가 되지 못한다.

"실패 역시
내 업무의 일부분이다"

099 알베르토 알레시

이탈리아 생활용품 디자인업체인 알레시는 톡톡 튀는 아이디어로 소비자들에게 즐거움을 주는 회사다. 춤추는 여성의 모습을 본뜬 와인 병따개는 '안나'라는 고유한 이름도 가지고 있으며 1분에 하나씩 판매될 정도로 인기가 높다. '대량 생산 소비재로 예술을!'이란 모토대로 생활용품에 예술적 창의성을 가미해 기발함을 넘어서 아름답기까지 한 제품을 만들어내고 있다. 이 업체의 예술적 감각에 호응해 생활용품임에도 예술품처럼 소장용으로 사 모으는 사람도 많다.

알레시의 또 다른 특징은 사내에 디자이너를 두지 않고 전 세계 유명 예술가들의 아이디어를 사서 상품화하는 데 집중한다는 것이다. 세계적인 예술가의 아이디어라 할지라도 항상 성공하는 것은 아니다. 1,000개의 디자인 중에 상품화되는 것은 한두 개뿐이다.

이런 낮은 성공률에 대한 알베르토 알레시[Alberto Alessi] 회장의 반응은 느긋하다. 실패 역시 내 업무의 일부분이라는 것이다. 그는 실패를 거듭하다 보면 성공에 더 가까이 다가서는 길을 찾게 된다고 믿는다. 2~3년 동안 큰 실패 없이 지나왔다면 충분히 도전하지 않았다는 반증이므로 오히려 그 점을 염려해야 한다고 말한다. 실패를 업무 과정의 일부로 자연스럽게 받아들이는 개방성과 유연함을 느끼게 해주는 대목이다.

리더라면 실패의 순간에 개인의 책임이 아닌 공동의 책임감을 강조해야 한다. 당신 탓이 아니라 노력하는 과정의 부산물이니 염려하지 말고 다시 시도해보라고 독려해야 창의적인 조직으로 만들 수 있다. 이러한 자세는 실패조차 투자로 보는 안목이 있어야 가능한 일이다.

실패에 대한 비판적 평가는 경영자나 상사보다는 실무 당사자가 하도록 양보하는 것이 좋다. 상사의 평가에 의해 실패가 검토되면 일의 실패가 아니라 사람의 실패로 귀결되기 십상이기 때문이다. 알레시 회장은 젊은 시절 실패를 무릅쓰고 새로운 끊임없이 새로운 디자인을 시도한 경험을 통해 실패 또한 일의 일부임을 받아들이게 됐다. 그는 작은 실패의 경험도 없이 최고 자리에 이른 사람들에게 다른 사람의 도전까지 가로막아서는 안 된다고 강조한다.

"항상 진실을 이야기하라"

100 폴 갤빈

모토로라의 창업자 폴 갤빈Paul Galvin은 직원에 대한 존중과 불의에 타협하지 않는 정직함을 신념으로 삼고 기업을 운영해온 경영자다. 그는 상하, 동료 간에 대화의 개방성을 보장하기 위해 어떤 대화도 가능하도록 허용하는 '열린 문 정책open door policy'을 고수했다. 그는 어떤 상황에서도 진실한 대화를 해야 한다고 강조했다.

한 기업을 운영해본 최고경영자들이라면 심각한 사고가 발생하거나 경영상황이 위태로워졌을 때 그 사실이 외부로 알려지지 않도록 감추고 싶은 유혹에 한 번쯤 휩싸였던 경우가 있을 것이다. 하지만 그런 유혹에 빠져 사실을 왜곡·축소하거나 변명거리를 찾는 모습을 보였다가는 그 자체로 불신만 키우는 결과를 빚어내기도 한다.

뭔가가 잘못돼가고 있다고 해서 직원들이 낌새를 알아차리고 술렁거릴 때까지 대응을 미뤄선 안 된다. 부정적인 이야기는 좋은 이야기보다 훨씬 빨리, 그리고 소리 없이 전파된다. 불확실한 소문이 입에서 입으로 전해지면서 걱정과 두려움을 만나 실제 상황보다 훨씬 극단적인 상황으로 재탄생하는 일이 쉽게 벌어진다.

그러므로 조직원들에게 현재 조직 내부에 어떤 문제가 있는지, 해결을 위해 어떤 준비를 하고 있는지, 향후 어떻게 해결해 나갈 것인지 스토리라인을 만들어 알려줘야 한다. 때로 그 해결 방안이 별 실효를 거두지 못하더라도 진행 상황을 있는 그대로 공개해야 진정성을 인정받을 수 있다.

훌륭한 리더라면 마땅히 좋은 소식뿐만 아니라 골치 아프고 부정적인 소식도 솔직하게 말하고 책임감 있게 행동해야 한다. 안 좋은 소식은 다른 사람을 시켜서 전하려는 태도도 버려야 한다. 리더가 나서서 직접 나쁜 소식을 전하면서 해결의 의지까지 함께 전달해야 신뢰를 회복할 수 있다.

"삶은 우연히 일어나는 일 10퍼센트와 그것에 반응하는 90퍼센트의 일로 이루어진다"

101 폴 마이어

넉넉지 않은 가정에서 태어나 어릴 적부터 자신의 용돈을 벌어서 썼던 폴 마이어Paul J. Meyer는 19세에 우연히 보험업계에 발을 들인 이후 보험 세일즈로 27세에 백만장자가 된 입지전적인 인물이다. 그보다 더 대단한 것은 자신의 성공원리를 다른 사람에게 전파하여 전 세계 모든 사람이 성공적인 삶을 살도록 도왔다는 것이다.

그는 리더십 매니지먼트 인터내셔널LMI을 설립하여 자신의 성공 원리를 교육 프로그램으로 만들었다. 이 프로그램은 현재

전 세계 80개국에서 활용되고 있다. 이 교육 과정의 핵심은 '성공자의 습관'을 갖게 하는 데 있다.

그가 발견한 성공자들의 행동 특성은 여러 가지가 있지만 그중에 가장 우선하는 것은 긍정적인 태도다. 그는 우리의 삶이란 주변에서 일어나는 일에 어떻게 반응하는지에 의해 결정된다고 봤다. 폴 마이어 집안에서는 '못한다'는 말은 곧 욕으로 통한다. 그는 늘 아이들에게 '할 수 없다'는 '할 수 있다'로, '난 몰라'를 '알았어'로 바꾸어 말하도록 교육시켰다. 태도를 변화시키고자 한다면 사고의 습관부터 바꿔야 한다는 생각 때문이었다. 미국의 유명한 심리학자이자 철학자인 윌리엄 제임스William James도 우리의 정서적 태도를 바꿈으로써 우리의 삶을 바꿀 수 있다고 말했다.

긍정하는 태도를 가지려면 가장 먼저 긍정적인 정서 상태를 만들어야 한다. 가장 손쉬운 방법은 감사하는 연습을 하는 것이다. 주변에서 우연히 일어나는 일에서부터 감사할 거리를 먼저 찾아 감사를 표현하는 방법이 그것이다.

가끔 완벽주의적 성향을 가진 리더 중에는 만족보다는 불만족에 초점을 두고 부족과 결핍에만 반응하는 사람이 있다. 이런 사고 습관을 바꾸지 않고서는 칭찬을 잘 하는 리더가 되기란 어렵다.

"신속한 회복력은
리더십의 관건이다"

102　　　　　　　　　　　　　　　　　　　　　　　제프리 이멜트

제프리 이멜트^{Jeffrey Immelt} GE 회장은 보기에 따라서 참으로 운이 없는 사람이다. 잘 나가던 회사를 넘겨받자마자 온갖 악재가 연속해서 터지면서 하루아침에 본인의 역량과 상관없이 비난과 냉소의 대상이 됐으니 말이다.

　그는 2001년 9월 11일 GE의 신임 회장 겸 최고경영자로서 첫 출근을 준비하던 중에 TV를 통해 9.11 사태라는 엄청난 뉴스를 접했다. 오랜 기간 어려운 검증 절차와 경쟁을 통해 후계자로 낙점된 사람으로서 첫 출근의 기대감이 남달랐을 테지만

이멜트 회장은 첫 출근의 설레임은 고사하고 사고 수습에 매진해야 했다. 손해 보험, 특히 재보험 분야의 주요 기업이었던 GE는 그날 6억 달러의 피해를 입었다.

거기서 끝이 아니었다. 뒤이어 엔론 사태와 경기 침체까지 겹치면서 회사와 그에 대한 시선은 차갑게 바뀌었다. 당시 사회 분위기로 봤을 때 이멜트 회장은 쉴 틈 없이 몰아친 재해와 전임자였던 잭 웰치 회장의 유명세에 금방이라도 파묻힐 것만 같았다. 하지만 그는 주변의 우려에 좌우되지 않고 자기만의 전략과 스타일로 차별화된 성공을 이뤄냈다. 그 힘은 대체 어디서 나온 걸까?

그는 리더십이란 역경을 딛고 일어서서 계속해서 나아가는 것이고, 무엇보다 신속한 회복력이 리더십의 관건이라고 말한다. 이멜트에 의하면 악재가 연발하는 상황에서 자신을 지탱해 준 힘은 극복할 수 있다는 자신감이었고, 그 자신감을 유지하게끔 도와준 힘은 가족과의 관계였다고 한다.

회사의 상황이 어려워지자 그는 골프, 포커게임, 술자리 등 잡다하게 신경 쓸 거리들을 포기하고 '일 아니면 가족과의 시간'으로 자신의 활동을 단순화시켜서 집중력을 유지했다. 기업 경영자로서 크든 작든 스트레스로부터 자유로운 사람은 드물다. 그러나 스트레스를 받더라도 스트레스를 관리할 수 있는 자원이 풍부하면 상대적으로 악영향을 덜 받는다.

자신이 언제, 무엇으로부터 힘을 얻고 있는지 자신만의 스트레스 관리 자원을 아는 것은 언제 닥칠지 모를 일들에 대비하는 데 중요하다.

"자신이 하는 일을 좋아하라"

103 이나모리 가즈오

경영의 신으로 불리는 이나모리 가즈오^{稲盛和夫} 현現 일본항공 회장은 경영자들의 구루로서 경영의 지혜를 나눠주는 것으로 유명하다. 사람들은 보통 자신이 좋아하는 일을 해야 성공한다고 알고 있다. 하지만 현실적으로 전문직 종사자나 자영업자가 아닌 경우에 자신이 좋아하는 일만 찾아서 할 수 있는 가능성은 희박하다고 볼 수 있다.

오히려 좋아하는 일이나 싫어하는 일에 대한 차별 없이 자신이 선택한 일에 열정과 성실을 다할 때 성공한 사례가 더 많다.

좋아하는 일의 선택권이 많지 않고, 자신이 좋아하는 것이 무엇인지 잘 모르는 경우가 적지 않기 때문이다.

코칭을 하다 보면 한 기업에서 20~30년을 근무해 임원이 된 사람 중에도 "열심히 하다 보니 여기까지 왔다. 사실 내가 진짜 좋아하는 일이 무엇인지는 지금도 모르겠다"고 고백하는 이들이 적지 않다.

좋아하는 것이 분명하다면 그것으로 할 수 있는 일을 찾기 위해 노력하는 것이 우선이다. 하지만 이나모리 가즈오 회장의 충고처럼 자신의 일을 좋아하게 되는 것도 행복한 일이다. 일은 그저 일일 뿐 매일같이 반복되는 업무, 서류처리, 파일 정리 등등 우리가 맡은 일이 무조건 좋을 수는 없다. 그래도 다행인 것은 우리에게는 일하는 방법을 선택할 권한이 있다는 사실이다. 같은 일이라도 더 나은 방법으로 하려는 선택은 각자의 몫이고 의미부여 또한 주관의 영역이다.

정신없이 빠져드는 놀이는 내가 선택했기에 가능한 것이다. 일도 놀이처럼 하려면 우선 일에 대한 주도권을 놓지 말아야 한다. 일에 대한 주인의식을 가진 사람은 항상 더 나은 상황을 만들려고 애쓰기 때문에 성공할 확률이 높아지고, 성취감과 보람이 상승한다.

"리더는
카오스를 즐기고
모호함을 견딜 수 있어야 한다"

테리 켈리

유명 경영학자들이 경영혁신 사례로 자주 거론하는 회사 가운데 고어^{Gore & Associates} 사가 있다. 직급이나 직책의 틀에 얽매이지 않고 개인의 창의적 자율성을 최대한 허용하는 수평적 조직 운영방식이 가히 혁신적이다. 전 직원은 모두 동등한 동료의 입장으로 일을 한다. 따라서 명령이나 지시에 의해 일사불란하게 일이 진행되는 것이 아니라 자유토론과 상호간의 협의를 통해 업무가 진행된다. 보스가 없으니 윗사람의 눈치나 평가에 신경 쓸 필요가 없고, 자유롭게 자신의 아이디어를 표현하고 실험해

볼 수 있다.

창의적이란 것은 이전까지 본 적이 없는 미지의 세계에 관한 이야기를 하는 것이다. 창의적인 아이디어가 현실화되기까지는 이견과 비판의 소용돌이를 거치게 마련이다. 고어는 이 불안정한 소용돌이를 활성화시키는 곳이라 할 수 있다.

고어 사의 경영자 테리 켈리Terry Kelly는 리더라면 이런 혼돈(카오스, chaos)을 사랑하고 모호함을 견뎌낼 수 있어야 한다고 말한다. 이걸 견디지 못하고 직원들 사이에 개입해서 어정쩡하게 관리하면 조직은 그야말로 카오스가 된다는 것이다.

창의적 사고를 하라고 독려하면서도 불완전한 아이디어의 발전 과정에 대한 호기심 부족과 설왕설래하는 토론을 느긋하게 관전하지 못하는 리더의 조급함 때문에 중도에 아이디어가 사장되는 모습을 흔히 볼 수 있다. 모든 회사가 조직구조를 고어처럼 할 수 없고 할 필요도 없지만, 자유토론 과정에 대한 회사의 믿음은 본받을 만하다.

조직은 하나의 살아있는 유기체이므로 항상성homeostasis을 유지하려는 자율 조정 기능이 있다. 언뜻 보면 고어는 무한한 자유가 허용되는 관리 무방비의 조직 같이 보인다. 하지만 애초에 고어 사에서 동료의 압박이라는 무언의 장치가 발동되어 올바른 방향으로 자동조정이 될 것이라 믿고 기다려줬을 뿐이다. 개인과 조직의 성장 지향적 본성에 대한 근본적 믿음이 조직의 생동적인 카오스 상태를 허용하고 견뎌낼 수 있는 힘이 되어준 것이다.

   리더들이여, 당신이 가진 믿음의 지구력을 키워보자.

"습관적으로 사용하는 말이 운명을 결정 짓는다"

105　　　　　　　　　　　　　　　　　　　　　앤서니 라빈스

어느 회사에서 전 직원이 직급 구분 없이 서로 이름만 부르기로 했다는 사실이 뉴스화된 적이 있다. 이러한 호칭 변화가 수평적 조직문화 조성을 위한 조처라고 했을 때 대부분의 사람들은 과연 직함을 부르지 않는다 하여 수평적이고 개방적인 조직이 되겠느냐고 의아해 했다. 하지만 일정 시간이 지나자 조직원들 사이에 정말로 서로 편하게 대화하게 되고 눈치를 보는 일이 줄어들더라는 이야기가 전해졌다.

　이처럼 호칭 하나만 바꿔도 관계의 성질이 바뀌는 것은 일상

에서도 쉽게 경험할 수 있다. "○○야"라고 부를 때와 "○○님" 하고 부를 때 대화의 자세가 달라지는 것은 당연하다. 미국의 어느 트럭 운송회사도 배송의 정확도를 높이기 위한 개선 대책의 하나로 트럭 운전사들을 '운전사(기사)' 대신에 '장인(마스터)'이라는 호칭으로 변경한 적이 있다. 처음엔 호칭이 이상하다는 불만이 많았으나 호칭을 변경하고 채 한 달도 되지 않아 56%에 달하던 배송 관련 실수가 10%로 줄어드는 효과를 얻은 적이 있다.

자기경영의 최고 조언자인 앤서니 라빈스Anthony Robbins는 "말을 바꿈으로써 운명을 바꿀 수 있다"고 증언한다. 그 자신도 외모나 학력, 모든 면에서 자신이 보잘 것 없는 사람이라는 생각에 사로잡혀 있을 땐 별 볼 일이 없었다고 한다. 하지만 생각을 바꾸고 말을 바꾸면서 인생의 일대 전환을 이뤄냈고 지금은 전 세계적으로 유명한 저술가이자 변화 심리학자로 이름을 날리고 있다.

그는 자신의 경험을 바탕으로 습관적으로 사용하는 말, 즉 감정을 묘사하기 위해 빈번히 사용하는 말들을 바꾸는 것만으로도 생각하는 방식, 느끼는 방식, 심지어는 살아가는 방식까지 변화시킬 수 있다는 것을 증명해냈다.

습관적으로 부정적 언어를 먼저 선택한다면 일대일로 긍정적 표현을 대체해서 사용해보는 훈련을 해보자. 말과 함께 감정이 변화되는 것을 경험할 수 있다. '정말 못마땅해'라는 생각이 들면 그 생각 이면의 기대인 '더 잘 되길 바라' '더 잘 하길 기대해'라는 긍정적 의도를 표현하고자 노력해보는 것이다.

일단 감정이 변화되면 선택과 행동도 긍정적으로 바뀐다. 안 되는 것, 잘못된 것을 지적하는 대신에 원하는 것, 기대하는 것을 중심으로 표현을 하기 바란다. 습관적으로 하는 이 모든 말이 씨가 되어 곧 아름다운 열매를 맺을 것이라 확신한다.

"기업 경영에선 존경과 성과 간의 균형이 필요하다"

프랑크 아펠

세계 최고의 우편·물류 기업 DP DHL의 최고경영자 프랑크 아펠 Frank Appel은 운이 좋은 인물이라는 평가도 받지만 위기 상황에서 흔들리지 않는 균형감각을 지닌 인물로 꼽힌다.

기업을 경영할 때에는 존경과 성과 간의 균형을 갖는 게 필요하다. 기업의 존재 이유는 성과를 내는 것이지만 그에 못지않게 고객이나 직원들로부터 존경을 받는 일도 중요하기 때문이다. 프랑크 아펠은 "리더의 역할이란 매일 존경과 성과 사이에서 균형을 찾는 일"이라고 강조한다.

특히 직원들로부터 존경을 받으려면 조직원들 개인적 삶의 품질관리를 중요하게 다뤄야 한다. 일이 급하다고 야근과 주말 특근으로 개인의 삶을 회사에 묶어두면 성공을 이루고도 '내가 계속 이 일을 할 수 있을까, 또는 이렇게 살아야 하는가'라는 회의에 빠져 조직에 대한 존경심이 희석될 수 있다.

대부분의 리더들은 숫자만 중시하는 기업은 성공할 수 없다는 사실엔 누구나 동의하면서도 숫자에 매달려 순간순간 존경을 외면하는 실수를 저지른다. 기업 경영은 기적 같은 일이 일어나 성공하는 것이 아니라 하루하루의 수고와 노력이 모여 지속적인 성과를 만들어내는 일이다.

주말 근무나 야근을 하지 않고는 도무지 결과 관리가 되지 않는다면 직무 분석이나 업무 분장, 인력 배치에 문제가 없는지 인사제도의 측면을 살펴봐야 한다. 회사의 성과를 위해 개인적 삶의 여유는 유보해야 한다는 생각이라면 아펠 회장의 엄살 섞인 고백이 도움이 될 것이다. "주말근무까지 해야 성공할 수 있다면 난 그 일에 적합한 사람이 아닙니다."

"둘 중 하나라는 선택의 함정에 빠지지 마라"

107 론 바바로

생명보험사인 푸르덴셜캐나다의 최고경영자를 지냈던 론 바바로Ron barbaro는 사망보험금 선지급 제도의 선례를 만들어 창의적 사고를 가진 경영자로 종종 소개된다. 그는 질병으로 생의 마지막 시기를 비참하게 보내면서도 보험 혜택을 받지 못하는 사람을 목격한 뒤 불합리한 보험업계의 관례를 바꿔야 할 필요성을 느꼈다.

당시 보험업계의 관례는 사망보험금을 반드시 사망 후에 지급했으므로 살아있는 사람에게 이를 지급하는 일은 말도 안 되는 일이었다. 그러나 가입자가 죽음을 앞둔 질병으로 고통을 겪을 때 아무런 도움을 받지 못하는 약관의 맹점은 수정될 필요가 있었다.

론 바바로는 거의 바꿀 수 없을 것처럼 보이던 이 견고한 고정관념을 바꾸기 위해 창의적인 방법으로 이해당사자들을 설득해나가기 시작했다. 사망 전에도 보험금을 지급할 수 있느냐, 없느냐 하는 논쟁으로 흘러가던 이슈를 가입자가 본인의 상황에 맞게 지급 시기를 선택할 수 있도록 하는 제3의 대안을 찾은 것이다. 이로써 그는 보험산업의 혁명이 될 만한 제도를 만들어 낼 수 있었다.

그는 "둘 중 하나를 선택하려는 함정에 빠지지 말라"고 당부한다. 어느 순간에는 둘 다를 포용하는 게 더 탁월한 선택이 될 수 있다. 또한 비즈니스를 하다 보면 두 가지 상반되는 선택지가 있고 그중 하나를 선택해야 하는 것처럼 보일 때가 있다.

그러나 갑론을박의 출발선을 상기해보면 두 가지 대안 모두가 필요할 때가 있다. '이것 아니면 저것'이라는 선택의 틀에 갇혀서 바라보면 하나를 취하고 하나를 버려야 할 것처럼 보인다. 하지만 이것과 저것 둘 다를 충족시킬 새로운 대안을 찾는 쪽으로 관점을 옮기면 완전히 새로운 선택지를 발견할 수 있다.

"눈앞의 문이 닫혀 있다면 뒷문이라도 찾아라"

108 바비 브라운

바비 브라운Bobbi Brown은 능동적인 이미지와 자기 정체성이 뚜렷하게 전해지는 여성 경영자다. 메이크업 아티스트로 일하던 그녀는 기존의 색조 화장품들이 마음에 들지 않자 자신의 이름을 딴 회사를 만들어 직접 화장품 제조에 나섰다.

그녀가 만든 화장품은 편안하고 자연스러운 표현력을 인정받아 전 세계적으로 사랑을 받았고 그녀는 곧 유명인사가 됐다. 그녀가 삶을 대하는 태도를 대변하는 말이 바로 '뒷문 이야기'다. 들어가야 할 곳의 문이 닫혀 있는 상황이라면 반드시 뒷문이라도 찾아서 들어가라는 뜻이다. 문이 열리길 기다리고 있다가는 기회를 놓쳐버리기 때문이다.

많은 리더들이 찾는 인재상도 이런 태도를 지닌 사람이다. 대부분의 사람들이 눈앞에 장애물이 나타나면 되돌아와서 상황 보고를 하는 것이 아니라 장애물을 어떻게 처리하고 과제 해결을 했는지 결과를 보고하는 사람과 일하고 싶어 한다. 이와 같은 능동적인 인재들은 어떤 상황에서도 해결 중심의 사고를 하기 때문이다.

이들은 "모든 문제는 답을 내포하고 있다"는 믿음을 가지고 숨겨진 답을 찾는 데 초점을 맞춘다. 때때로 문제를 열심히 탐구하다 보면 오히려 답이 없는 것 같은 암담함과 마주할 수도 있다. 그러나 이때 반드시 답이 있을 것이라고 믿고 찾으면 바비 브라운처럼 어딘가 열려 있는 뒷문을 발견하게 된다. 2000년대 중반 세계 각국에서 출범한 브랜드들이 치열한 경쟁을 벌일 때 바비 브라운은 아무도 관심을 두지 않는 영역에서 신제품을 개발해 공전의 히트를 쳤다.

경영자로서 크게 성공한 그녀는 인생의 중요한 순간에 또 한 번 새로운 뒷문 찾기에 성공했다. 사업이 번창하면서 그녀를 원하는 곳이 많아졌고, 가정을 중시하는 그녀에게는 회사의 성장이 스트레스로 다가왔다. 그녀는 무리하게 책임을 떠안는 대신에 회사를 매각하여 돌파구를 마련하는 전략을 선택했다. 자신의 소신대로 가정을 잘 지킬 수 있는 선택을 한 것이다. 애정을 갖고 있던 제품 개발은 직접 맡고, 판매와 마케팅에서는 손을 떼면서 제품의 브랜드와 개인의 브랜드 가치를 잘 유지해나가는 것도 잊지 않았다.

언제 뛰고 언제 멈출 것인가, 무엇을 취하고 무엇을 포기할 것인가를 소신에 따라 선택한다는 것은 자기정체감이 분명하다는 반증이다. 바비 브라운의 행보를 보면서 어쩔 수 없다는 '생각'은 있을지 몰라도 어쩔 수 없는 일이란 결코 없다는 것이 더욱 분명해진다.

"사람은
어려움 속에서 성장한다"

109 제임스 캐시 페니

미국의 백화점 체인 JC 페니의 창업주 제임스 캐시 페니^{James Cash Penney}가 대학 졸업 후 얻은 첫 일자리는 백화점 엘리베이터 안내요원이었다. 입사 동기들은 대학 졸업자가 하기엔 적합한 일이 아니라며 얼마 못 가서 다들 그만뒀지만 그는 최선을 다해 직무를 수행했다. 단순히 열심히 하는 수준 그 이상으로 말이다.

단순 반복적인 일처럼 보이는 안내요원 자리였지만 수동적으로 안내하는 데 그치지 않고 문제의식을 가지고 엘리베이터 이용 고객의 특성과 동선을 유심히 관찰했다. 그 결과를 바탕으로 고객 편의와 에너지 효율을 동시에 고려한 매장 재배치 아이디어를 제안했다. 당연한 것이겠지만 이런 업무 자세에 감탄한 백화점 사장은 그를 지배인으로 발탁했다.

조직의 상사라면 이런 태도를 가진 사람과 일하고 싶어 한다. 자신의 업무를 문제없이 해내는 데 만족하는 것이 아니라 보다 더 나은 방향으로 개선하기 위해 적극적으로 도전하는 사람 말이다. 이런 사람에게는 더 많은 기회를 주게 된다.

페니의 성공 스토리 뒤에는 재미난 에피소드도 있다. 월마트의 창업자 샘 월튼은 페니 백화점 직원으로 사회생활을 시작했다. 그의 기억 속에서도 페니 사장은 특별한 모습으로 존재한다. 사회 초년병이던 그에게 백화점 사장이란 사람이 판매 현장에서 직접 상품 포장을 하던 모습은 신선한 충격으로 남아 있다고 한다. 언제 어떤 곳에 있더라도 자기 앞에 놓인 삶의 과제를 최선을 다해 완수하고자 했던 한 경영자의 삶의 흔적이 엿보이는 대목이다.

페니 사장은 보통 사람들처럼 말단 직원으로 사회생활을 시작했지만 남들처럼 일하지는 않았다. 젊은 나이에 잡화점을 창업했을 때도 남들이 일하지 않는 시간에 영업을 하는 방식으로 남다른 노력을 했다. 그는 남들과 똑같은 조건에서 출발했고 예외 없이 숱한 어려움도 겪었다.

그 모든 어려움을 피하지 않고 극복해나가는 과정에서 오히려 인생을 배우고 내면이 성장하는 경험을 했다. 성공하는 사람들은 보통사람과는 다른 관점을 가지는 듯하다. 어려울 때 다른 곳을 기웃거리는 것이 아니라 '여기'에서 무엇을 할 것인지에 집중한다. '여기'에 서서 '저기'를 기웃거리다 보면 에너지가 분산돼 폭발적인 열정이 나올 수 없다.

"직원은
호통을 쳐서라도
가르쳐야 한다"

나가모리 시게노부

수많은 리더십 중에 '호통리더십'은 한편으로는 단순한 메시지를 전하고 있어 통쾌하기도 하지만 '과연 괜찮을까'라는 생각이 들게 만든다. '360도 다면평가'와 같이 서로가 서로를 평가하는 제도를 도입한 회사의 관리자들은 종종 시대가 변하면서 상사가 아랫사람의 눈치를 보게 만들었다고 푸념한다.

대니얼 골먼Daniel Goleman의 《감성리더십The primal leadership》이라는 책이 나온 이후 리더의 인적관리 역량이 성과관리 못지않게 중요한 요소로 평가되고 있다. 요즘 조직에서는 상사의 일방적 지시나 업무 과실로 인한 잘못을 무섭게 꾸짖는 행동은 개선해야 할 사항으로 지적되곤 한다.

하지만 그런 지적 따위엔 아랑곳하지 않고 "직원에게 당당하게 호통하라"고 주문하는 리더가 있다. 바로 일본전산의 나가모리 시게노부永守重信 사장이다. 그는 직원이 잘못하면 관리자가 호통을 쳐서라도 가르치고 가르쳐서 제대로 될 때까지 하게 만들라고 말한다. 역량이 부족한 직원들을 데리고 고군분투하는 관리자에게는 한줄기 빛처럼 위안이 되는 말이다.

하지만 여기서 혼란이 없기를 바란다. 나가모리 사장의 호통은 결코 순간적인 불만을 분출하거나 자기 방식을 고수하기 위해 윽박지르는 것이 아니다. 일본전산에서의 호통은 사장이 직원에게 애정과 관심을 표현하고 진보적 반발심(승부욕)을 끌어내는 방법 중 하나로 쓰인다. 다시 말해 직원을 성공으로 이끄는 적극적인 배려의 수단인 셈이다.

나가모리 사장은 혼이 나는 사람일수록 조직에서 성공한다는 사례를 보여주려 노력하면서 단순히 감정으로 나무라지 않고 직원이 '당신과 함께 일하고 싶어 혼낸다'는 것을 인식할 수 있게 만들라고 말한다. "호통을 치려면 평소보다 4배나 에너지가 들고 훨씬 더 많은 마음 관리가 필요하다" "평소에는 직원들을 질책하지 않다가 회사가 힘들 때 구조조정 운운하는 이는 경영자 자격이 없다"는 말이 그 증거다.

    나가모리 사장은 평범한 사람과 함께 비범한 일을 할 수 있는지, 그렇지 않은지 여부에 따라 조직의 우열이 나뉜다고 생각한다. 일본전산이 불황의 시대에도 고속 성장을 하게 된 배경에는 '삼류 인재'를 뽑아 호통하고 가르치며 일류로 끌어올린 기업 문화가 뒷받침되어 있다.

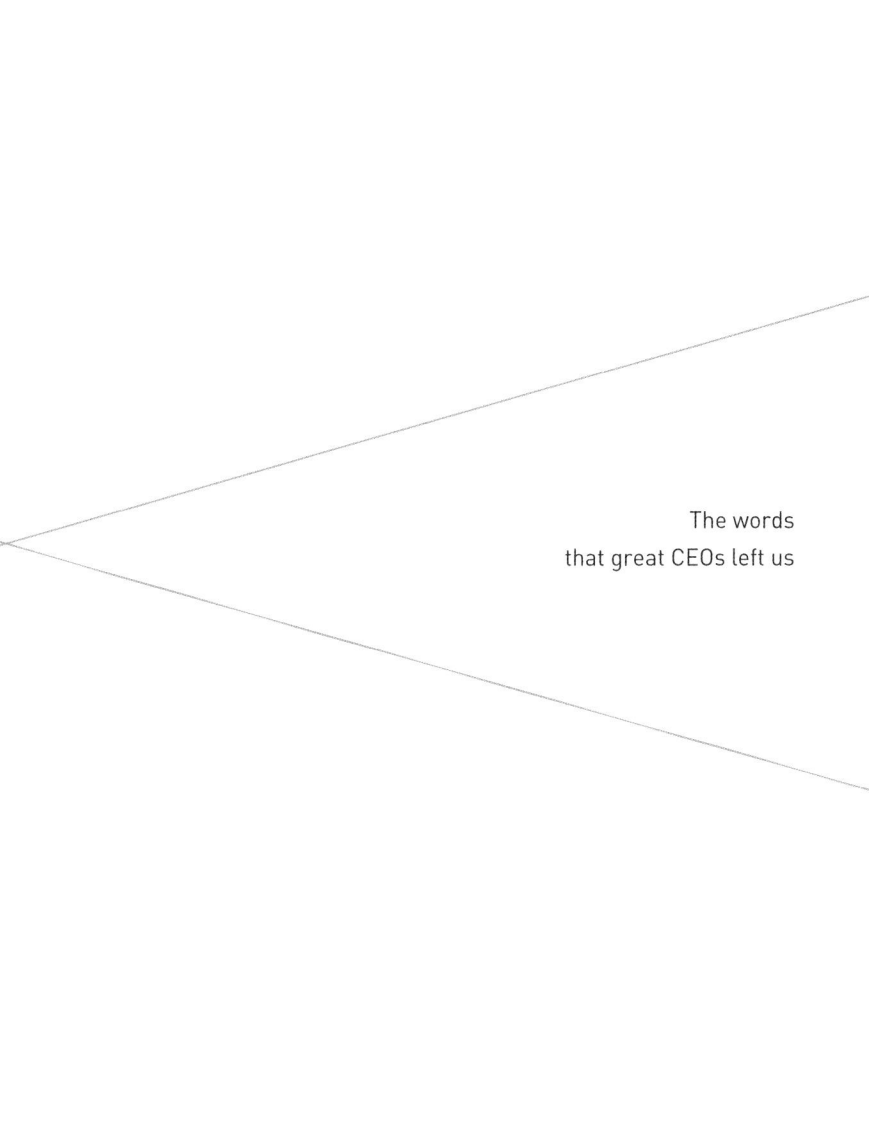

The words
that great CEOs left us

에필로그

고등학교 시절 내 꿈은 기업의 전문경영인이 되는 것이었다. 그러나 대학시절 은사님의 제안으로 교수가 되기 위한 코스를 밟게 되었다. 그러던 중 한 기업체에서 상담실장 자리를 제안해왔다. 그때 "드디어 어릴 적 내 꿈을 펼쳐볼 기회가 왔구나" 하며 흥분했던 기억이 난다. 하지만 당시에는 노사분규가 주요 사회 이슈였던 시절이어서 회사 안에 전문 개인상담실을 연다는 것 자체가 다소 무모한 일이었다. 당연히 자발적으로 찾아오는 내담자는 별로 없었고, 열정이 넘쳤던 나는 '찾아가는 상담(전문용어로 Outreach counseling)'을 시도했다.

'찾아가는 상담'은 업무현장으로 직접 들어가 조직경영의 선두에 선 임원층의 고민과 실무를 담당하는 직원들의 고충을 청

취하고, 그 둘을 해결하는 연결고리가 되어주는 일이었다. 개인의 혁신은 물론, 나아가 조직의 혁신을 도왔던 그때의 경험을 떠올리면 지금도 뿌듯하고 자랑스러워지는 기분이다. 코칭이란 말이 그 후 10년 뒤에나 등장하는 신개념이었으니, 난 이미 1990년부터 다양한 방식으로 코칭을 하고 있었던 셈이다.

2001년에 들어 '코칭'이라는 개념이 사회적으로 점차 퍼지기 시작했고, 그때야 비로소 '드디어 나를 위한 정식 직업이 생겼구나' 하고 기뻐했던 기억이 난다. 대학시절부터 전공과 별로 상관도 없는 경영관련 서적을 주로 읽었고, 특히 성공한 리더에 관한 책에 관심을 많이 가졌었다. 책뿐만 아니라 신문이나 잡지, 방송에서도 내 관심을 끄는 것은 언제나 위대한 기업의 열정과 뛰어난 경영자의 도전이 이룬 성공스토리였다.

2009년 어느 날 동아일보 문권모 기자로부터 전문코치의 경험을 살려 기업의 리더들에게 도움이 되는 글을 써달라는 부탁을 받았고, 그 일이 이 책의 시초가 됐다. 이후로 조심스럽게 의견을 내기 시작한 것이 벌써 5년, 흐른 시간만큼 글들도 쌓여 어느새 한 권의 책으로 엮어낼 만큼의 분량이 모아졌다.

몇 편의 글이 소개됐을 때부터 여러 출판사로부터 책으로 출간하자는 제안을 해왔다. 하지만 처음부터 책으로 엮을 생각으로 시작한 글도 아니었고, 또 글 솜씨도 없다고 여겼던 터라 더 고민도 하지 않고 고사를 해왔다. 여러 편집장님들의 지지와 격려에 힘입어 결국 출간을 결심하게 되긴 했으나 막상 출간을 앞두고 여전히 조심스런 마음에 가슴이 두근거린다.

그러나 이 책에 소개된 글들을 통해 전달하고자 하는 메시지가 확고하기에 다른 한편으로는 자신감도 생긴다. 여기에 풀어놓은 글들은 단순히 사변적인 말장난이 아니다. 먼저, 위대한 리더들이 남긴 단 한 줄의 문장들은 각각의 분야에서 최고의 자리를 차지한 리더들이 남긴 통찰이라는 점에서 우리가 만나야 할 경영의 실체에 가장 가깝다고 할 수 있다.

나는 경영학자나 리더십 학자는 아니다. 다만 기업의 최전방에서 수없이 고민하는 리더들을 도우면서 탐색하고 성찰한 코치의 관점에서 이 책을 쓰게 됐으니 다소 편협하거나 잘못된 정보에 기반한 내용이 있다면 독자들의 너그러운 이해를 청하는 바이다.

세상에는 훌륭한 리더들이 많다. 그들이 남긴 한 줄의 통찰을 되새기다 보면 그들에게도 어렵고 힘든 시간이 있었다는 사실을 발견하게 된다. 이는 어지러운 세상을 살아가는 우리에게 큰 위로가 되리라 생각한다. 또한 세계적인 리더들이 어려움을 극복해나가는 과정과 목표를 위해 무소처럼 달려가는 강력한 목적의식은 우리에게 숨겨진 내적동기를 자극해줄 것이다. 개인적인 바람으로는 이 책을 수많은 세계적 리더들의 대담한 행동들과 그 내용을 토대로 수많은 기업의 경영자들과 코칭하며 고민한 내용을 정리한 작은 스토리북으로 이해해준다면 더 바랄 것이 없을 것 같다.

출판은 하지 않겠다고 버티던 나를 설득해준 위즈덤하우스 대표님과 배민수 실장님, 그리고 실무를 맡아 지원해준 우지현 편집자에게 감사드린다. 또한 귀한 지면을 허락하여 마음껏 의견을 펼칠 수 있게 해주신 〈동아비즈니스리뷰^{DBR}〉 김남국 편집장님, 문권모, 한인재, 신수정 기자께 감사드린다. 무엇보다 코칭하는 내내 진실한 대화로 함께해준 대한민국의 수많은 경영자, 임원들께 깊은 감사의 마음을 전하며 이 글을 맺고자 한다.

2013년 새해를 맞이하며
조선경

```
국립중앙도서관 출판시도서목록(CIP)

위대한 CEO가 우리에게 남긴 말들 / 조선경 지음. — 고양 ; 위즈
덤하우스, 2013
    p. ;   cm

ISBN 978-89-6086-584-6 13320 : ₩13000

명언[名言]

199.8-KDC5
179.7-DDC21                                      CIP2013000115
```

위대한 CEO가 우리에게 남긴 말들

초판 1쇄 발행 2013년 1월 17일 초판 2쇄 발행 2013년 7월 26일

지은이 조선경
펴낸이 연준혁

출판 2분사 분사장 이부연
책임편집 우지현 **디자인** 함지현
제작 이재승

펴낸곳 (주)위즈덤하우스 **출판등록** 2000년 5월 23일 제13-1071호
주소 (410-380) 경기도 고양시 일산동구 장항동 846번지 센트럴프라자 6층
전화 (031)936-4000 **팩스** (031)903-3895
홈페이지 www.wisdomhouse.co.kr **전자우편** wisdom2@wisdomhouse.co.kr
종이 월드페이퍼 **인쇄·제본** (주)현문 **후가공** 이지앤비

값 13,000원 ISBN 978-89-6086-584-6 13320

- 잘못된 책은 바꿔드립니다.
- 이 책의 전부 또는 일부 내용을 재사용하려면 사전에 저작권자와
  (주)위즈덤하우스의 동의를 받아야 합니다.